VOS FORCES

ET LE

MOYEN DE LES UTILISER

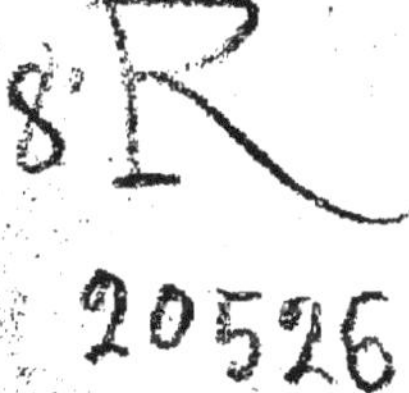

PRENTICE MULFORD

VOS FORCES

ET LE

MOYEN DE LES UTILISER

QUATRIÈME ÉDITION

PARIS

Librairie Générale des Sciences occultes

BIBLIOTHÈQUE CHACORNAC

11, QUAI SAINT-MICHEL

1905

NOTICE DU TRADUCTEUR

Les pages dont nous présentons aujourd'hui la traduction française parurent, il y a peu d'années, à Philadelphie, réunies en six petits volumes in-12, qui constituent la *White Cross Library* ou « bibliothèque de la Croix Blanche ».

C'est peut-être ce qui a été pensé et écrit de plus précis et de plus remarquable dans le domaine de la magie pratique. L'auteur prend les faits de la vie quotidienne et applique aux moindres d'entre eux une méthode d'une extraordinaire simplicité, mais dont la mise en pratique régulière et réelle ne peut manquer de conduire l'homme à la perfection de son évolution individuelle.

L'auteur est Américain. Il se nomme Prentice Mulford. Il naquit à Sag Harbor (Long Island) le 5 avril 1834, et mourut le 27 mai 1891, sur son bateau ancré près de Long Island.

Il n'y avait personne avec lui à ce moment, mais il est évident qu'il passa en dormant et sans aucune souffrance. On le trouva couché, enveloppé de ses couvertures, sur un lit improvisé dans son bateau. La voile était repliée et toute chose était en ordre.

Nulle trace de souffrance sur son visage, nul signe

d'excitation ou d'agitation. Quelqu'un a dit : « Si Prentice Mulford avait pu choisir son genre de mort, c'eût été celle que lui advint. »

Nous raconterons ultérieurement l'histoire de la vie très étrange et très dure de cet homme de bien qui sut mourir comme il avait vécu, avec une parfaite égalité d'âme dans les circonstances les plus pénibles et les plus malheureuses qui, certes, ne lui firent pas défaut.

En attendant, nous donnons sa profession de foi telle qu'elle se trouve au commencement de chacun des six volumes de la *White Cross Library*, pour que le lecteur puisse se faire une idée des opinions de l'auteur avant d'entreprendre la lecture et la méditation de ses conseils pratiques.

VOS FORCES

ET LE MOYEN DE LES UTILISER

DIEU

Une Suprême Puissance et Sagesse régit l'Univers. L'Intelligence Suprême est infinie et pénètre l'espace illimité. La Suprême Sagesse, Puissance et Intelligence est dans tout ce qui existe, depuis l'atome jusqu'à la planète.

La Suprême Puissance et Sagesse est plus *qu'en* toute chose. L'Intelligence Suprême est toute chose. L'Intelligence Suprême constitue chaque atome de la montagne, la mer, l'arbre, l'oiseau, l'animal, l'homme, la femme. Ni l'homme ni les êtres supérieurs à l'homme ne peuvent concevoir la Sagesse Suprême. Mais l'homme recevra joyeusement la Suprême Intelligence et Sagesse, et la laissera œuvrer en lui pour sa félicité, sans chercher à sonder son mystère.

La Puissance Suprême nous a à sa charge, ainsi que les soleils et tous les systèmes d'univers qui se meuvent dans l'espace. A mesure que nous prendrons connaissance de cette sublime et inépuisable sagesse, nous saurons de mieux en mieux demander que cette Sagesse nous pénètre, devienne une partie de nous-même et par là effectue en nous un renouvellement éternel. Ceci améliorera notre santé, augmentera notre faculté de jouir de tout ce qui existe, et graduellement nous amènera à un état de vie supérieur, développant des forces que nous ne réalisons pas maintenant comme nous appartenant.

Nous sommes les parties et les manifestations limitées et pourtant toujours évoluant du Tout Suprême et infini. La destinée de chacun dans le temps consiste à saisir son rapport avec l'Etre Suprême et à concevoir que le sentier direct et étroit qui mène à la béatitude éternellement croissante est la parfaite confiance et l'abandon à l'Etre Suprême en ce qui concerne la sagesse et l'idée circulaires et symétriques que nous ne pouvons pas individuellement engendrer. Demandons donc quotidiennement la foi, car la foi est la faculté de croire et de voir que toutes choses sont les particules de l'Esprit infini de Dieu, que toutes choses renferment en elles du bien, c'est-à-dire Dieu, et que toutes choses, quand nous les reconnaissons comme étant des parties de Dieu, doivent travailler à notre salut.

LES MYSTÈRES DU SOMMEIL

On voyage quand le corps est dans l'état nommé sommeil. Le « moi » réel n'est pas dans le corps ; mais c'est un organisme invisible qui est l'esprit. L'esprit a des sens comme ceux du corps, mais bien supérieurs. Il peut voir des formes et entendre des voix distantes du corps de plusieurs milles. L'esprit n'est pas dans le corps. Il n'y fut jamais totalement ; il agit sur lui et s'en sert comme d'un instrument. C'est une force qui peut se faire sentir à plusieurs milles du corps.

Une moitié de notre existence est une lacune pour nous : c'est celle de notre esprit quand il quitte le corps à la nuit. Il s'en va alors dans des régions lointaines et voit des êtres que nous ne connaissons jamais dans la chair.

Le sommeil est un procédé d'automagnétisation, inconsciemment accompli. De même que le magnétiseur fait volontairement passer un autre individu à l'état inconscient, de même chaque soir vous vous mettez, ou plutôt mettez-vous votre corps dans l'état d'insensibilité.

L'opération du magnétiseur consiste réellement à tirer l'esprit hors du corps de la personne qu'il magnétise. Il amène la pensée de son sujet à un foyer central, comme une pièce de monnaie dans la main. Ainsi concentré, l'esprit du sujet se trouve placé dans des conditions telles, qu'il peut très aisément l'affecter au moyen de sa volonté. Il ordonne alors à l'esprit du sujet de sortir de son corps. Ceci fait, il pénètre ce corps de sa propre pensée, qui est comme une maison abandonnée par son propriétaire. Le magnétiseur prend alors possession de ce corps par la puissance de sa propre pensée. Ce n'est pas le sujet qui voit, sent ou goûte au gré de l'opérateur, mais c'est l'esprit ou la pensée du magnétiseur s'exerçant dans un autre corps, temporairement laissé vacant par l'esprit qui l'occupait.

La pensée est une substance tout comme l'air ou quelque autre élément invisible que nous fait connaître la chimie. Sa force a des degrés nombreux et variés.

Une intelligence puissante équivaut à une volonté ferme. Quelques personnes ont un esprit si débile, comparé à celui du magnétiseur exercé, qu'elles ne peuvent pas lui résister. D'autres, d'un esprit plus fort, peuvent volontairement se soumettre à lui. Nul ne pourra s'emparer de vous de cette manière, si vous résistez par la pensée, et si vous appelez à votre aide une puissance supérieure, quand vous sentez qu'on l'emporte sur vous.

Quand nous « allons dormir », l'esprit, par ses travaux du jour, s'est répandu loin du corps ; et il lui reste si peu de force, que le corps tombe dans l'état de transe nommé sommeil. De même que le magnétiseur fait sortir l'esprit du corps du sujet, de même notre esprit se retire de notre corps à cause des nombreux efforts effectués durant le jour.

Votre corps n'est pas votre moi réel. La force qui le meut à votre gré, c'est votre esprit. C'est un organisme invisible, totalement distinct et séparé du corps. Votre esprit (votre moi véritable) se sert du corps comme le charpentier de son marteau ou d'un outil quelconque pour effectuer un travail.

C'est l'esprit qui est fatigué le soir. Il est épuisé, et, en conséquence, ne peut plus se servir du corps avec vigueur. Le corps est en réalité aussi fort que d'habitude, de même que le marteau du charpentier a la même force, quand son bras est trop débile pour s'en servir.

Le soir, l'esprit est débile, parce que, durant le jour, ses forces pensantes ont rayonné en tant de directions différentes, qu'il ne peut plus les rassembler. Toute pensée est une de ces forces, une portion de votre esprit. Toute pensée, proférée ou non, est une chose, une substance aussi réelle, quoique invisible, que l'eau ou le métal. Toute pensée, bien que non proférée, est quelque chose qui va à la personne, à la chose ou au lieu vers lequel elle est dirigée. Votre esprit s'est donc dirigé, dans le cours d'une journée, dans mille et peut-être dans dix mille directions différentes. En pensant, vous œuvrez... Chaque pensée représente une émission de force. En projetant ainsi de la force pendant seize ou dix-huit heures consécutives, le soir il n'en reste plus suffisamment dans le corps pour l'alimenter. C'est pourquoi le corps tombe dans l'état d'insensibilité nommé sommeil. Dans cet état, l'esprit rassemble ses forces dispersées, ses pensées projetées au loin ; il rentre dans le corps avec les forces ainsi concentrées et en prend de nouveau pleine et entière possession. C'est comme plusieurs petits ruisseaux coulant en maintes directions différentes : rassemblez-les en un seul, et vous aurez la force qui fait tourner la roue du moulin.

Si vous pouviez ramener immédiatement tout votre esprit à son centre, et rassembler ainsi ses forces dispersées, vous seriez frais et dispos en autant de minutes qu'il vous faut d'heures pour vous reposer. Ce secret était connu du premier Napoléon ; c'est ainsi qu'il se soutenait avec fort peu de sommeil durant ses campagnes où il avait besoin du maximum de ses forces. C'est un pouvoir que tout le monde peut acquérir par un certain entraînement.

On tâche d'abord de mettre le corps dans un état de repos aussi parfait que possible, en arrêtant tous les mouvements physiques involontaires, tels que les balancements des membres, les tapements du pied, ou le tambourinement des doigts.

Tous ces mouvements involontaires dépensent votre force, et, qui pis est, entraînent inconsciemment vers une habitude pénible à supprimer, qui dépense de la force. Il faut également arrêter le travail mental involontaire, les émissions de pensées dans toutes les directions, — personnes, choses, plans, projets, — les cogitations futiles ; et le plan mental doit être rendu aussi net que possible. La concentration de la pensée sur l'expression « rentrer en soi » ou sur l'image de votre esprit avec ses fins filaments électriques se rattachant aux gens, aux lieux et aux choses éloignées se contractant et se concentrant en un foyer, aidera grandement à parvenir à ce but, parce que tout ce qu'on imagine intellectuellement est une réalité spirituelle, c'est-à-dire que l'on fait actuellement en esprit et par l'esprit ce que l'on imagine. Tout plan, tout projet nettement vu par la pensée se constitue de substance pensante, chose aussi réelle que le bois, la pierre, le fer ou toute autre substance dans laquelle ce plan ou ce projet peut ultérieurement s'incarner et se rendre visible à l'œil du corps, et déterminer des résultats sur le plan de la vie physique.

Si un homme songe à un meurtre, il émet aussitôt dans l'air un élément de meurtre. Un projet de meurtre aussi réel que s'il avait été dessiné sur le papier s'est émané de lui ; d'autres ont absorbé sa pensée ; et ainsi ce projet de meurtre a été absorbé par d'autres esprits, et les incite à la violence, sinon au meurtre. Toute personne qui pense continuellement à la maladie émet des germes de maladie ; si elle songe de santé, de force et de joie, elle émet des germes qui déterminent chez les autres force et santé, aussi bien qu'en elle-même. Tout homme émet en pensée ce qui le constitue (spirituellement parlant). « L'homme est selon ce qu'il pense. » L'esprit est un faisceau de pensée ; il se constitue de ce qu'il pense. Imaginez donc que vous rassemblez tous ces filaments dispersés en maints endroits. Les pensées qui émanent de vous en une seule minute ne pourraient pas être entièrement transcrites en une heure. Vous les ramenez à un centre. Vous avez alors rassemblé et concentré toute votre force motrice, et vous pouvez la diriger où bon vous semble. Lorsque l'œil et l'esprit sont fixés sur un simple objet, qui n'absorbe pas les forces, par exemple un endroit du mur, la pensée positive ou les filaments sont dirigés par un centre commun. Toute fixation sur un objet quelconque les détourne de leur point de contact plus ou moins distant, avant quoi l'esprit est comme une main aux doigts étendus. Quand la pensée est concentrée, l'esprit est comme un poing fermé et serré.

En dirigeant votre pensée sur un objet quelconque, vous émettez de la force. Quand elle est concentrée sur un seul objet, bien à l'abri de toute divagation, vous accroissez votre force.

L' « adepte » hindou devient capable, par un certain entraînement mental, d'envoyer son esprit ou lui-même hors de son corps. Il demeure pourtant en relation avec ce dernier par le moyen d'un fin courant invisible de vie nommé dans la Bible le « fil d'argent ». Lorsque ce fil se rompt, le corps et l'esprit se séparent complètement et le corps périt. L' « adepte » se permet d'être enterré vivant. Du riz, semé sur son tombeau, a germé. Des sceaux ont été apposés sur le cercueil, et le tombeau est soigneusement surveillé. Des mois se passent, et, quand on l'exhume, il « revient à la vie ».

L'homme réel n'a jamais été enseveli. C'est seulement son corps, en état d'auto-transe, qui a été enterré. Entre le corps et l'esprit, distant peut-être de plusieurs milles, le fin cordon spirituel a sustenté la vie du corps, ou plutôt a transmis seulement ce qui empêche strictement la décomposition. Lorsqu'on exhume le corps, l'esprit y retourne et en prend pleine possession. Il est capable de faire avec son propre corps ce que le magnétiseur fait avec le corps de son sujet. Il en fait sortir son propre esprit ; tandis que le magnétiseur fait sortir celui du sujet. Avant de chasser l'esprit du sujet, le magnétiseur induit le sujet à rendre lisse son intellect : en d'autres termes, il arrête les forces résistantes de la pensée de l'autre personne en faisant converger toute sa pensée vers un centre.

Durant le sommeil, l'esprit peut quitter le corps et s'en aller dans d'autres lieux, ainsi que cela arrive fréquemment. Ils sont alors reliés l'un à l'autre par ce cordon de substance excessivement subtile. On peut l'étendre à de grandes distances. C'est comme un fil électrique expansif ou contractif qui relie l'esprit à l'instrument par lequel il œuvre le corps.

Cette faculté que possède l'esprit de quitter ainsi le corps explique le phénomène de personnes vues en même temps en deux endroits éloignés. C'est l'esprit vu par un œil clairvoyant. C'est le *double*, le *doppel ganger* des Allemands, le *wraith* des Ecossais. L'esprit peut même être fort distant du corps juste un peu avant le décès du corps. C'est uniquement l'affaissement de la fourniture de la vie faite par le moyen du cordon qui les unit, qui cause ce qu'on nomme les angoisses involontaires de la dissolution. Elles ne sont pas aussi pénibles qu'elles le paraissent. Le moi réel, l'esprit même, peut alors ignorer ce qui se passe au lit de mort. Il peut se rendre auprès d'une personne, parfois éloignée, vers laquelle il est vivement attiré ; c'est ce qui résout le mystère des apparitions, vues par des amis distants, de personnes dont la mort, survenue vers ce moment, ne fut connue que plusieurs mois plus tard.

Il arrive parfois, durant des périodes de maladie, que des personnes tombent inconsciemment dans un état où l'esprit quitte le corps sans briser les liens de la vie ; on prend cette catalepsie du corps pour sa véritable mort, et on l'enterre vivant. L'esprit est contraint de retourner dans son corps dans le cercueil, et le cordon vital n'est rompu qu'après ce retour.

De l'être réel émane sans cesse, avec chaque pensée, un fin rayon ou filament électrique, qui représente autant de vie, de force, de vitalité, et qui atteint l'objet, le lieu ou la personne vers laquelle se dirige cette pensée, fût-elle à six pieds ou à des millions de lieues du corps.

La pensée est la force réelle. Lorsque vous soulevez un fardeau, vous dirigez votre pensée sur le muscle qui soulève. Plus le fardeau est pesant, plus vous y envoyez de force pensante. Si, en soulevant ainsi, une partie de votre pensée se tourne dans une autre direction, si quelqu'un vous parle, si quelque chose vous effraie ou vous ennuie, une partie de votre force ou de votre pensée vous abandonne et se dirige vers ce qui a détourné une partie de votre attention.

C'est l'intelligence, la pensée, l'esprit qui meut le muscle qui soulève, comme on se sert d'une corde pour tirer un fardeau. Point de travail sans intelligence. L'intelligence, la pensée, la mentalité et l'esprit signifient à peu près la même chose.

Il importe peu, pour communiquer de la force, que l'esprit, une fois concentré, soit près du corps ou loin de lui. Quand ses forces (ses pensées) sont rassemblées, qu'il soit loin ou près du corps, il est puissant ; et, lorsqu'il reprend possession du corps et l'éveille, il est à même de se servir du corps dans la plénitude de sa force.

Mais l'esprit peut rester dispersé toute la nuit. Il peut n'être jamais à même en aucun temps de réunir ses forces. Il peut vivre, ainsi qu'il y en a beaucoup aujourd'hui, avec sa pensée toujours en avance sur l'acte qu'il accomplit ou essaie d'accomplir. Il fait marcher le corps et envoie sa force (sa pensée) à l'endroit vers lequel il se hâte. Il écrit avec le corps, et pense à autre chose. Quand il vagabonde ainsi, il envoie de la force dans tous les sens. Cet état mental, ces émissions de pensée, cette dissipation inutile de force, devient à la fin une habitude à ce point invétérée, que l'esprit peut perdre entièrement le pouvoir qu'il a de rassembler ses forces. Dans cet état, il ne reprend de forces ni la nuit ni le jour.

L'insomnie provient de la difficulté éprouvée par l'esprit à se concentrer et à rassembler ses forces.

L'insomnie provient de la totale incapacité de l'esprit de centraliser ses pensées. Le traitement permanent pour guérir l'insomnie doit commencer dans la journée. Vous devez d'abord amener votre esprit à diriger

2

toute sa pensée sur l'acte que vous êtes en train d'effectuer : si vous attachez votre soulier, pensez à cela et pas à autre chose. Vous vous concentrez ainsi et rassemblez vos forces. Si vous attachez votre soulier et que vous pensiez à votre prochaine emplette, vous perdez inutilement la moitié de votre force. En réalité, vous essayez de faire deux choses à la fois, et vous ne faites bien ni l'un ni l'autre. Vous dispersez votre esprit sur autant de choses que vous pensez, tandis que vous attachez votre soulier. Votre entretenez l'habitude de disperser votre force, jusqu'à ce que cette habitude devienne involontaire. Vous augmentez de plus en plus la difficulté qu'a votre esprit de se concentrer, et c'est ainsi qu'il devient de plus en plus difficile pour l'esprit de réintégrer son corps avec force le matin, ou de le quitter le soir.

Vous ne pouvez obtenir de sommeil salutaire la nuit qu'à la condition que l'esprit se retire du corps. L'insomnie indique simplement que l'esprit ne peut pas quitter le corps.

Si l'on tombe dans la dangereuse habitude de rêvasser, l'esprit rêvassera autant en quittant le corps la nuit que lorsqu'il l'occupe pendant la journée ; ou bien, si vous êtes dans une disposition querelleuse, l'esprit combattra, bataillera, haïra durant toute la nuit, et rentrera dans son corps sans forces pour l'utiliser ; parce que combattre, même seulement par la pensée, nécessite l'emploi de la force.

C'est pour ce motif qu'il est dangereux et malsain de laisser le « soleil se coucher sur sa colère » : c'est-à-dire d'avoir à l'esprit, juste avant que l'œil corporel se ferme pour la nuit, le souvenir de personnes détestées, et de s'engager ainsi à leur envoyer une pensée haineuse. L'esprit poursuivra le même sentiment après avoir quitté le corps. La haine, c'est simplement de la force dépensée à se mettre soi-même en pièces, car la haine est une force destructive. Le bon vouloir envers tous est constructeur ; il rend de plus en plus fort. La haine abat. La bonne volonté envers tous attire de tous ceux avec lesquels on entre en contact des éléments salutaires et édificateurs. Si vous pouviez voir les éléments actifs volant d'eux à vous, dans leur sympathie pour vous, ils vous paraîtraient comme de fins ruisselets de vie alimentant la vôtre. Au contraire, les éléments haineux que vous pouvez exciter chez les autres apparaîtraient s'élancer vers vous sous la forme de sombres rayons d'une susbstance nuisible et venimeuse.

En envoyant à celui qui vous déteste une pensée de haine, on ne fait qu'accroître la force et la puissance de cet élément, parce que ces deux éléments opposés et dangereux se rencontrent et se mêlent, agissent et réagissent sur ceux qui les ont émis, alimentant sans cesse leur force de combativité, jusqu'à ce que l'un et l'autre soient épuisés. L'intérêt seul devrait empêcher les gens de haïr. Cela affaiblit le corps et amène la maladie. On ne voit pas de cynique, de grognon ou de grondeur bien portant : leurs pensées amères les empoisonnent ; leurs maladies corporelles prennent leur source dans leur esprit qui est malade, ce qui rend le corps malade. Toute maladie a une origine analogue. Guérissez l'esprit, changez l'état mental, remplacez le

désir d'être désagréable aux autres en celui de leur
être agréable, et vous êtes sur la voie de la guérison de
la maladie. Quand l'esprit n'engendre pas de pensée
de querelle, de haine, de tristesse, de découragement,
ni de pensée en aucune façon déplaisante; le corps
n'est jamais atteint par la maladie.

On ne peut se défendre contre les pensées haineuses
ou mauvaises des autres qu'en leur opposant une
pensée bienveillante. La bienveillance, en tant qu'élément pensant, est plus puissante que la haine, et
peut la détourner. Les « traits de malice », seulement pensés, sont réels. Ils frappent les gens contre
lesquels ils sont dirigés, et les rendent malades. Le
précepte du Christ : « Faites du bien à ceux qui vous
haïssent », est basé sur une loi scientifique. Cela si-
gnifie que les pensées sont réelles, et que la pensée du
bien peut toujours l'emporter sur celle du mal. Le
mot pouvoir est employé ici dans un sens aussi litté-
ral que celui qui désigne la force qui sert à soulever
une table ou une chaise. Le fait que toute pensée,
toute émotion, tout sentiment, miséricorde, patience,
amour, etc., sont des éléments aussi réels que les éléments palpables, est la pierre angulaire de la base
scientifique de la religion.

Ce que l'on nomme songes sont des réalités. L'esprit sort du corps la nuit et se rend auprès de certaines personnes et de certains lieux, où l'on n'a peut-
être jamais été avec le corps. Au réveil du corps, on
se rappelle fort peu ce qu'on a vu : et les souvenirs
s'entremêlent, parce que la mémoire du corps ne peut
retenir qu'une faible partie de ce que saisit la mémoire

de l'esprit. Il existe deux mémoires : l'une entraînée et adaptée à la vie du corps, l'autre à celle de l'esprit. Si dès l'enfance on avait connaissance de la vie et de la puissance de l'esprit et qu'on en admettrait la réalité, la mémoire de l'esprit serait suffisamment entraînée pour se souvenir de sa propre vie et la rappeler totalement au réveil du corps. Mais, parce qu'on vous a enseigné à considérer votre esprit comme un mythe, vous regardez aussi sa mémoire comme un mythe. Si, dès l'enfance, on enseignait à un être humain à douter de l'évidence de ses sens, ils s'émousseraient et seraient presque annulés. Que ceux qui entourent un enfant se mettent de propos délibéré à lui raconter qu'ils ne peuvent voir ni les cieux, ni les maisons, ni les champs, ni les autres objets usuels, sans permettre à qui que ce soit de détruire l'illusion, et le sens visuel de l'enfant, aussi bien que son jugement, seront sérieusement affectés. C'est ainsi analogiquement qu'on nous enseigne à nier le sens et les facultés de notre esprit, c'est-à-dire nos facultés réelles, dont les sens corporels ne sont qu'une faible image. En substance, on nous enseigne que nous ne sommes que des corps, ce qui revient à dire que le charpentier n'est que le marteau dont il fait usage.

Si, dans un soi-disant songe, on voit une personne morte quelques années auparavant, on voit simplement une personne dont le corps usé n'a pas pu lui servir plus longtemps sur ce plan de vie.

DE LA DIRECTION DES RÊVES

Il y a des sens corporels et des sens spirituels, car l'esprit est un organisme distinct du corps, qui a des yeux et des oreilles, un toucher, un goût et un odorat. Son œil peut voir dix mille fois plus loin que l'œil du corps, et ses autres sens sont infiniment supérieurs. Les sens en usage actuellement sont fort inférieurs. L'œil du corps est un simple trou d'aiguille auprès de l'œil de l'esprit. Les sens corporels sont grossiers relativement à ceux de l'esprit, car ils sont destinés à servir dans un plan de vie plus grossier : on est mieux dans une mine de charbon avec un complet de mineur qu'avec un vêtement de soie ou de velours. Le corps, avec ses sens matériels, est destiné à ce plan plus grossier de vie ; pourtant il est possible de s'échapper du corps et de s'en aller, le laissant par derrière, dans un état de vie supérieur et plus beau.

Vous avez maintenant un œil clairvoyant et une oreille clairaudiente ; mais ils ne sont pas ouverts L'œil clairvoyant est fermé comme ceux de certains. animaux dans leur première enfance. Chez quelques individus, il s'ouvre prématurément, avant les autres sens spirituels. C'est une maturité anticipée.

L'œil clairvoyant, c'est l'œil spirituel. C'est un œil

posté à l'extrémité d'une pensée. Dirigez votre pensée sur Londres, et, si vous êtes clairvoyant, vous y enverrez en même temps votre œil.

L'oreille clairaudiente est celle qui suit la pensée. La clairvoyance et la clairaudience ne sont pas des dons spéciaux à certains individus, mais tout le monde les possède en germe.

Les sens spirituels ont été à ce point négligés depuis la naissance, si peu exercés, qu'ils sont devenus « hors d'usage ». Quand vous quittez votre corps, le soir, vous subissez une sorte d'égarement, de vertige : vous voyez sans voir ; vous entendez sans entendre. Vous êtes comme étourdi par un choc ou un coup soudain. Alors l'œil spirituel peut voir, mais il ne conserve pas un souvenir distinct de ce qu'il voit. Dans cet état, on peut se rappeler vaguement une foule de visages autour de soi, mais c'est tout. C'est dans une condition à peu près analogue qu'entre l'esprit en quittant le corps, comme un jeune enfant qu'on vient de laisser dehors. Vous allez où vous entraîne un vague et fantaisiste désir. Les sens physiques de la vue, de l'ouïe et du toucher sont restés dans le corps ; ce sont des sens absolument inexpérimentés qui vont servir de guide ; car toute votre vie on vous a appris à nier l'existence de ces sens. Enseigner, à un enfant, dès le premier éveil de sa conscience, à ne point se fier à ce qu'il voit ou entend, amènerait chez lui un trouble visuel ou auditif. L'enfant apprend tout seul et graduellement à se servir correctement des sens corporels. L'enfant en bas âge n'a aucune notion de la distance ; il cherche à atteindre ce qui est loin de lui, s'imaginant que c'est à sa portée ; il ira droit au précipice si on le laisse à lui-même ; il apprend à ses dépens à ne pas toucher un fer rouge ou des charbons ardents ; et il faut des années d'éducation pour qu'il puisse faire un usage convenable de ses sens physiques.

L'esprit aussi a ses sens, qu'on ne veut même pas reconnaître. On les laisse pendant des années sans les exercer ni les entraîner. Dans ce qu'on nomme *le songe*, on ne voit pas avec l'œil corporel, pas plus qu'on entend avec l'oreille physique ; on voit avec l'œil spirituel, on entend avec l'oreille spirituelle.

On est littéralement perdu, quand on s'endort, quand on pénètre dans la vie spirituelle, et on tâtonne alors comme un petit enfant avec ses sens physiques inexpérimentés. On conserve pour les nouveaux sens l'opinion qu'on a de ceux du corps abandonné. On se conduit dans l'idée qu'on vit encore dans le vêtement porté durant le jour (le corps), estimant et jugeant tout ce qu'on voit ou qu'on ressent selon les sens inférieurs (physiques) dont on ne se sert plus du tout à ce moment.

La nuit, en quittant le corps, on aborde véritablement au plan spirituel de vie ; et pourtant on ne s'en aperçoit pas, parce qu'on fait des sens spirituels le même usage que des sens corporels. On est semblable à celui qui se sert d'une béquille, alors qu'il a deux jambes robustes qui ne demandent qu'à être entraînées pour le rendre bon marcheur. Maintes gens, complètement privés de leurs corps, sont exactement dans le même cas. La plupart du temps, c'est avec eux qu'on va quand on s'échappe du corps. On

est attiré vers eux, à cause de l'habitude qu'à l'esprit
de tâtonner parmi eux. L'esprit a acquis cette habitude
exactement de même que, quand il habite le corps, il
prend certaines habitudes extrêmement difficiles à
rompre. On voit journellement des gens s'en allant à
la dérive sans but ni plan, espérant, attendant que
quelque chose « vienne » les distraire.

Tout individu qui n'a pas de but dans la vie
devient bientôt inférieur en intelligence : semblablement, le moi spirituel est dans une condition iden-
tique. Il est souvent entouré d'autres esprits sans but
et qui ne savent que faire d'eux-mêmes.

La fiction n'a jamais imaginé les tableaux réalisés
chaque nuit en vous-même. Ces milliers de milliers
d'êtres aveugles, temporairement délivrés de leur
corps, errent, tâtonnent et se promènent dans les
maisons, dans les rues, dans les champs près, ou
loin. Ils ne sont jamais endormis ni éveillés : ils sont
errants comme dans un songe qui n'en serait pas un.
Parfois l'œil spirituel s'entr'ouve, et ils voient un
ami ou un étranger, une scène familière ou inconnue ;
mais cette reconnaissance n'est pas toujours satisfai-
sante, car on nous a inconsciemment enseigné à ne
pas ajouter foi à ce que nous voyons dans cet état.
C'est pourquoi nous ne l'admettons pas comme une
réalité, et ce que l'esprit repousse avec persistance ne
saurait se conserver dans la mémoire.

C'est un fait certain que certaines personnes, après
la mort de leur corps, croient encore avoir leur corps
physique, et elles peuvent demeurer dans cet état
pendant des années. Elles vont, viennent, mangent,

dorment et vivent de toutes manières, dans ce plan d'existence qui, bien qu'invisible, nous entoure de toute part ; parce que tout ce que nous croyons, entendons, touchons, prenons, respirons ou goûtons dans ce monde-ci, a une correspondance spirituelle, et nous en usons exactement comme ici-bas. Il n'y a pas de transitions violentes dans la nature. Les êtres qui meurent à la terre n'entrent pas directement dans une condition glorieuse, A MOINS QU'ILS N'AIENT DÉJA VÉCU PAR LA PENSÉE. Ils vont où les appellent leurs pensées quotidiennes, des amis les y reçoivent à leur arrivée comme des hôtes bienvenus, dans leur demeure ; mais ce ne sont que des hôtes, et ils ne peuvent rester dans ces cercles que s'ils appartiennent déjà par l'esprit. Si leurs pensées furent inférieures, ils doivent, après un certain temps, retourner dans l'ordre spirituel où ils vécurent en quittant le corps. Ils ne peuvent pas édifier de construction au-dessus de cet état. Il faut bâtir soi-même sa « maison dans les cieux ». Il est plus avantageux de commencer à édifier ici-bas consciemment que d'attendre la perte du corps ; car la Loi éternelle veut que l'on construise soi-même ; et ce n'est pas ainsi parce que telle ou telle indivitualité, si sage et si puissante qu'elle puisse être dans les catégories supérieures de la vie, l'a décrété. Tous ces êtres, vivant au delà de notre sphère de compréhension, ont construit et construisent encore eux-mêmes leur temple. Ce qu'ils nous demandent, c'est que nous construisions semblablement notre demeure et avec le même bonheur ; parce qu'en cela consiste l'édification de notre béatitude individuelle dans des proportions plus grandes, plus vastes et éternellement croissantes.

La première erreur, lorsqu'on passe de l'état nommé veille à l'état connu sous le nom de sommeil, consiste à croire qu'on agit encore avec le corps physique. Il faut s'entraîner à détruire cette illusion, en fixant dans l'esprit avant de s'endormir l'idée que, si l'on vient à s'éveiller au milieu d'un songe, on ne fait point usage de corps physique. Avant de s'endormir, on tâchera, autant que possibles de se faire une idée du moi spirituel, en tant qu'organisme moteur du corps pendant la veille.

La dernière pensée que vous avez avant de vous endormir est très vraisemblablement celle qui restera avec vous quand vous quitterez le corps. Si elle est intense, vous la retrouverez se mêlant à ce que vous appelez vos rêves, et elle vous servira à vous reconnaître lorsque vous serez hors de votre corps.

Fixez donc dans votre esprit l'idée de la réalité de votre être véritable, et cela aidera puissamment vos invisibles amis de l'autre vie à se rapprocher de vous, et à vous éveiller à la connaissance de votre moi réel.

Les catégories d'esprits les plus sages et les plus puissants qui peuvent vous communiquer leur pensée durant la veille peuvent ne pas pouvoir agir de même pendant votre sortie du corps, pour le motif dont on a parlé plus haut, et qui vous fait descendre la nuit à un niveau inférieur, par l'aveuglement et la force de l'habitude, au lieu de vous élever dans une région spirituelle plus sereine. Tandis qu'on est dans le corps, on peut s'entraîner à cultiver de hautes et

nobles pensées durant la veille ; mais, à la nuit, par
suite du manque d'habitude, cette culture ne saurait
avoir lieu. On se sert de l'œil et de l'oreille spirituels,
pensant que ce sont l'œil et l'oreille du corps. De
tout ceci résulte une confusion inexprimable en aucune
langue, parce que nul état analogue ne saurait être
nettement réalisé dans cette vie.

Le fil conducteur qui permettra à vos puissants
amis invisibles de s'approcher de vous à la sortie du
corps, de vous éveiller à la vie spirituelle, et de venir
à vous, c'est de vous concevoir sous une forme d'esprit, d'entité distincte du corps ; car une conception
est chose aussi réelle qu'un fil télégraphique, et c'est
le fil télégraphique qui vous reliera à eux, parce qu'ils
ne demeureront pas avec vous d'une manière perma-
nente dans vos testaments sur ce grossier plan de vie.
Ils le pourraient s'ils le voulaient ; mais ils préfèrent
vous entraîner dans leurs demeures, leurs domaines
et leurs royaumes où tout est plus splendide et plus
féerique que tout ce que la plume ou le pinceau pourra
réaliser dans le monde auquel vous appartenez actuellement. En rappeler le souvenir durant la veille,
tandis que l'esprit est emprisonné dans le corps, serait
comme si on amenait sur la terre la vie céleste. Ce
serait pour ainsi dire tenter directement d'abandon-
ner les plaisirs matériels pour réaliser et vivre les
joies supérieures, parce que tout renoncement n'a
réellement qu'un seul but : le détachement des plaisirs
transitoires qui laissent une peine durable pour obtenir
une joie infiniment plus grande qui n'est suivie
d'aucun remords.

Si, avant de vous endormir, vous fixez avec persistance dans vos esprits l'idée que vous ne vous servez plus des sens du corps, au bout d'un certain temps vous deviendrez conscient de ce que vous nommez maintenant un songe. Vous vous surprendrez à dire : « Ceci est aussi réel que mon corps ou que ce qui a lieu dans le temps de veille. Je suis seulement dans un état différent. »

La vie actuelle de l'esprit, pendant qu'il est absent du corps, la nuit, le plus souvent épuise davantage qu'elle ne restaure. Inconsciemment on se dirige vers des êtres et des scènes antipathiques. On a entraîné vers eux par des courants de pensée inférieure. On est entraîné comme un enfant ignorant qui entre dans la rivière et se trouve emporté loin du lieu où il a pied par un courant plus puissant. Ne sachant point que la pensée se meut suivant des orbites, et que la pensée inférieure ou mauvaise et plus puissante près de la terre ; ne connaissant pas vos forces et vos sens spirituels, vous êtes aussi faibles qu'un nourrisson, à l'instant où vous quittez le corps.

Si vous pouviez vous en aller droit vers les régions supérieures de la pensée, si vous pouviez traverser le courant des pensées obscures et matérielles, qui vous environne de toute part, vous vous trouveriez dans une contrée splendide où luit un soleil sans nuées, où s'épanouissent des fleurs radieuses, paysage sublime et féerique ; vous vous uniriez aux êtres appelés par votre désir, et qui sont de la même race spirituelle ; vous reposeriez dans une délicieuse langueur, qui vous permettrait néanmoins de contempler des yeux des scènes d'un charme ineffable ; vous seriez conscient de la vie, et pourtant au repos, et vous aspireriez la vie. Vous rentreriez le matin dans votre corps avec cette vie nouvelle ; car cette nuit bienheureuse aurait été à la fois un repos pour votre pensée et une saine excitation vitale pour votre corps ; vos sens spirituels s'épanouiraient dans cette sublime atmosphère spirituelle, et vous seriez à jamais délivré de l'esclavage nocturne de maintenant. Vos relations avec les régions supérieures deviendraient permanentes, et vous atteindriez la faculté d'y retourner et d'y puiser des forces vives quand s'élevaient contre vous les pensées inférieures qui vous hantent à l'heure actuelle.

Tout lieu de réunion, tout salon où se rencontrent des désœuvrés plus ou moins sous l'influence d'un stimulant, tout milieu, quelle que soit sa destination conventionnelle, si l'on y ment ou si l'on y fait quelque commerce trompeur, est un réservoir de pensée inférieure. Elle en jaillit aussi réelle, quoique invisible, que l'eau qui sourd d'une fontaine. Dans une grande ville, il y a des milliers de ces sources de pensée impure, proches les unes des autres. Ce n'est pas un courant rapide et vivace ; c'est un lit mouvant de fange puante qui vous embourbe et vous entraîne peu à peu. Tout groupe de gens bavardant, caquetant, répandant les scandales, est une source de pensée mauvaise, de même que toute famille où règnent le désordre, les mots acrimonieux, les regards aigres, l'humeur acariâtre. La bonne société contribue tout autant que les gens qualifiés du commun dans l'échelle sociale, à l'émission de ce courant inférieur. Le plus pur esprit ne peut pas vivre dans un tel milieu sans en être affecté. Il faut une perpétuelle tension des forces pour y résister. On finit par s'y mêler, y être pris comme dans un filet, être aveuglé par son obscurité, accablé par le fardeau qu'il apporte. Vous avez pu remarquer vous-même combien vous êtes libre de tout désir désordonné lorsque vous quittez la ville pour vous en aller à la campagne. Les montagnes sont plus pures que les plaines, ce qui est conforme à la loi de la gravitation. Les pensées basses descendent dans les lieux inférieurs, ainsi que toutes les substances pesantes, matérielles et grossières. Malheureusement le commerce, l'industrie et les manufacutres sont forcés d'édifier des villes sur les fleuves ou au bord de la mer. Dans les civilisations futures, on poursuivra surtout la perfection des hommes et des femmes et on recherchera les plaisirs véritables et permanents : on construira alors les cités sur les collines ou les montagnes, en sorte que les émanations malsaines, visibles ou invisibles, seront promptement balayées.

Avec une si grande quantité d'invisible élément nuisible autour de vous, c'est une nécessité de grouper ensemble des individus aux aspirations naturellement pures, qui se réuniraient souvent et engendreraient, par leur conversation ou par une silencieuse communion, un courant de pensée plus pure. Plus ils feront par une telle coopération, plus chaque individu au groupe aura de force pour se mettre à l'abri, durant la veille ou pendant la nuit, des attaques défavorables et des influences destructives environnantes. Vous constituez alors une chaîne qui vous rattache à la région spirituelle la plus haute, la plus pure et la plus puissante.

Plus vous mettrez d'ardeur à former ce lien, et plus la chaîne sera solide ; car seul vous n'avez point assez de force pour l'emporter sur les « ténébreuses puissances » qui vous entourent, pour refouler la sombre marée des multitudes qui se lèvent contre vous.

Le courant émis par un petit cercle d'individus bien unis et toujours d'accord est d'une valeur inestimable. C'est la pensée la plus puissante. C'est une partie de la pensée et de la force des sages, puissants et bienfaisants esprits qui seront attirés vers votre groupe et qui viendront à votre aide dès que vous en manifesterez le désir. Ce courant purifiera votre intelligence, donnera du corps, de la vigueur, détruira la maladie et vous suggérera des idées et des plans nouveaux dans toutes vos entreprises légitimes. Vous ne vous doutez pas combien vous écartent du succès et vous maintiennent à un niveau inférieur de vie l'inconsciente absorption, l'aveuglement et la confusion des bas courants qui vous environnent. Vous subissez comme une nécessité de l'existence des conditions que vous pourriez éviter si votre intellect était plus puissant et plus subtil. Vous absorbez la timidité d'autrui, comme vous absorbez l'inertie et le défaut d'énergie. Les périodes de découragement et d'indécision résultent de l'absorption de cet élément inférieur. Vous ne pouvez pas savoir à quel point vous êtes aveugle, et quel homme différent vous seriez si vous distinguiez clairement ce qui est nuisible de ce qui est bienfaisant. La génération de pensées noblesses pures, émises en commun, la recherche de la vérité, le désir du bien universel, purifient l'intelligence, accroissent l'énergie, préservent, de l'erreur et des pierres d'achoppement, améliorent la santé et communiquent une puissance qui attire tous les biens matériels. C'est ainsi qu'on entend la sentence : « Recherchez d'abord le royaume de Dieu, et tout le reste vous sera donné par surcroît. » Ces biens viennent par surcroît, parce que la force créée en vous-mêmes par ces réunions familières et fraternelles est comme un aimant puissant qui attire tout ce que votre sagesse sait vous devoir être profitable.

Le « Nouveau Monde », retrouvé par Christophe Colomb, n'est qu'une bagatelle comparé à celui qui se trouve à notre porte même, et où nous pouvons pénétrer chaque nuit. Nous parcourons avec l'œil du corps nos chambres, nos rues, nos champs, en déclarant qu'il n'y a entre nous et les murs, les maisons, les forêts ou les montagnes que l' « air vide » ; tandis qu'en réalité cet espace est plein de formes, d'êtres et d'invisibles effigies de ce qui nous entoure...

Les visions déterminées par l'usage de l'opium et du haschish sont des réalités. Ces substances permettent à l'esprit de se détacher plus complètement du corps. Les éléments extraits du pavot ou du chanvre communiquent à l'esprit une force artificielle, qui lui permet de voyager plus loin et de s'écarter des limites habituelles du sommeil du corps : il visite de plus hautes et de plus sublimes régions et y découvre des merveilles qui ne furent jamais réalisées sur la terre.

Mais il a pénétré des éléments trop subtils qu'il ne peut ni retenir ni ramener dans le corps. Il ne saurait les conserver, et rentre ainsi dans le corps sans aucune force : de là proviennent la réaction et la misère du mangeur et du fumeur d'opium, lorsque l'effet de la drogue ne se fait plus sentir. Et c'est ce qui vous adviendrait si des esprits supérieurs vous entraînaient, ainsi qu'ils en ont le pouvoir, dans leur domaine avant que vous y soyez parvenu vous-même. Les éléments que vous y absorberiez seraient trop subtils pour être utilisés sur le plan de vie actuel. Pourtant une aspiration continue peut rendre l'esprit apte à recevoir ces éléments, à les emmagasiner et à les approprier à son retour sur la terre. Votre organisme entier serait alors plus subtil qu'il ne l'est maintenant. Vous deviendrez un habitant des deux mondes. Ce sera la vie de la race future sur cette planète. C'est la « Nouvelle Jérusalem » descendue sur terre.

Il y a plus d'hommes et femmes qu'on ne pense qui, dans l'histoire du monde, tandis qu'ils possédaient encore leur corps, s'éveillèrent à la vie spirituelle et y vécurent. Paul parle d'avoir été « ravi au troisième ciel, et d'y avoir vu des choses ineffables ». Swedenborg était en relation continuelle avec ce monde. Il y en eut des milliers d'autres au cours des âges, mais ils furent assez discrets pour garder leur science pour eux-mêmes, sachant que leur époque n'ajouterait point foi à leurs récits et que toute révélation ne pourrait leur procurer que des désagréments.

Le temps du secret est passé ; il y a maintenant

suffisamment d'intelligences éveillées, capables, tout au moins, de comprendre ces vérités : ce sont les esprits qui se sont réincarnés sur une autre terre, avec une connaissance partielle de ces vérités, et qui les reconnaîtront dès qu'on les proférera hardiment.

Le temps n'est plus où le matérialisme repoussait les vérités spirituelles. Voici que s'ouvre l'ère où la vérité spirituelle s'affirmera d'elle-même et l'emportera sur le matérialisme. Peu importe la petitesse apparente du noyau, du groupe de ceux qui assentent et réalisent ces vérités. Un trou d'aiguille peut révé_ ler un passage immense. Le point de contact qui relie au vaisseau le câble qui le tirera hors du chenal n'est large que de quelques lignes, mais il suffit pour supporter la force qui agira sur le navire. Ainsi le petit nombre de ceux qui recevront ces choses seront la force qui entraînera avec elle la multitude.

L'ART D'OUBLIER

Dans la chimie des temps futurs, on reconnaîtra que la pensée est une substance tout aussi bien que les acides, les oxydes et tous les autres corps chimiques actuels.

Il n'y a pas de lacune entre ce que nous nommons l'esprit et la matière. L'un et l'autre sont substantiels, et sont unis l'un à l'autre d'une manière imperceptible. En réalité, le monde matériel n'est que la forme visible des éléments plus subtils que nous nommons l'esprit.

Notre pensée invisible et irrévélée émane incessamment de nous en tant qu'élément et force, aussi réelle que le flot de l'eau que nous voyons, que le courant électrique que nous ne voyons pas. Elle se combine avec la pensée des autres, et il en résulte un produit nouveau, exactement comme en chimie la combinaison des corps produit des substances nouvelles.

Lorsqu'on émet des pensées de tourment, d'irritation, de haine ou de tristesse, on met en œuvre des forces nuisibles à la fois au corps et à l'esprit. La faculté d'oublier implique celle de chasser les pensées déplaisantes et pénibles et de les remplacer par un élément profitable destiné à édifier au lieu de détruire.

La nature des pensées que nous émettons influe favorablement ou défavorablement sur nos affaires, et influence les autres en notre faveur ou contre nous. C'est une force que les autres ressentent agréablement ou désagréablement, leur inspirant confiance ou méfiance.

L'état mental, dominant, ou caractère de la pensée, façonne le corps et les traits. Il nous rend laids ou agréables, attractifs ou répulsifs. Notre pensée façonne nos gestes, nos manières, notre démarche. Le moindre mouvement d'un muscle est dirigé par une modalité mentale. Une intelligence toujours décidée a toujours une démarche décidée. Une intelligence débile, changeante, vacillante, rend la démarche chancelante, agitée, incertaine. L'esprit de décision agit sur tous les muscles.

Considérez un homme mécontent, taciturne, mélancolique et maussade, et vous verrez sur son visage les preuves de l'action de la force silencieuse de sa pensée malsaine le façonnant, le travaillant, le burinant tel qu'il apparaît. Cet homme ne sera jamais en bonne santé, car cette force agit sur lui comme un poison, et détermine une forme quelconque de maladie. Une pensée constamment dirigée sur un but déterminé, surtout si ce but est le bonheur des autres aussi bien que le nôtre, emplira de force tout le système nerveux. C'est un sage égoïsme que de travailler pour les autres en même temps que pour nous-mêmes, parce que nous sommes tous unis en esprit. Nous sommes des forces qui agissent et réagissent l'une sur l'autre, en bien ou en mal, à travers ce que l'ignorance nomme l'« espace vide ». Il existe des nerfs invisibles reliant les uns aux autres les hommes et les êtres. C'est dans ce sens qu'on peut dire que toutes les formes de la vie sont solidaires. Nous sommes tous *membres d'un même corps*. Une mauvaise pensée ou une mauvaise action est une pulsation douloureuse vibrant à travers des myriades d'organismes. Une pensée aimable et une bonne action produisent exactement l'effet contraire. C'est donc une loi de la nature et de la science que le bien ou le mal que nous ferons à autrui retombera sur nous-mêmes.

Se chagriner d'une perte, soit celle d'un ami, ou celle d'un bien, affaiblit l'esprit et le corps. Cela n'aide en rien l'ami pleuré ; mais c'est plutôt douloureux pour lui ; car notre triste pensée rejoindra notre ami. même s'il est passé sur un autre plan d'existence, et c'est une source de chagrin pour lui.

Une heure de maussaderie, d'irritation ou de peur manifestée ou tacite, c'est une heure de force employée à nous rendre insupportables aux autres, et peut-être à nous faire des ennemis. Directement ou indirectement elle affecte péniblement nos affaires. Des regards maussades ou des paroles aigrent chassent les bons clients. La mauvaise humeur ou la haine épuise notre esprit. La force ainsi dépensée pourrait être utilisée pour notre plaisir et notre profit, de même que la force qu'on pourrait employer avec une massue pour se battre le corps, pourrait servir à se récréer et s'entraîner.

Donc, être capable de rejeter ou d'oublier une pensée ou une force nuisible, est le moyen le plus sûr de rendre le corps robuste et de purifier l'intelligence ; la vigueur corporelle et la pureté intellectuelle produisent le succès dans les entreprises.

Cela donne aussi de la puissance d'esprit ; et les forces de notre esprit agissent sur d'autres dont le corps est distant de nombreux milles, et cela à notre profit ou à notre avantage ; parce qu'il existe une force commune à tous, distincte de la force corporelle et qui agit continuellement. Il est *indispensable* qu'elle soit en activité à tout instant, que le corps soit éveillé ou endormi. Employée inconsciemment ou bien avec ignorance, cette force nous plonge dans les abîmes de misère et d'erreur. Intelligemment et sagement employée, elle procure à chacun de nous un bien inconcevable.

Cette force, c'est notre pensée. Chacune de nos pensées a une influence vitale sur notre santé et notre succès réel ; et nous ne nommons pas succès réels ceux que le monde désigne ainsi ; par exemple : une fortune acquise aux dépens de la santé n'est pas **un** succès réel.

Tout individu se conduit intellectuellement, *inconsciemment la plupart du temps*, selon son caractère propre ou suivant la nature de ses pensées ; et cette conduite ne peut pas être modifiée du jour au lendemain. Inconsciemment on prend l'habitude d'entretenir des pensées mauvaises ou pénibles. Or, toutes les fois qu'on se tourmente, qu'on se chagrine, qu'on redoute une perte, qu'on songe que ceci ou cela pourrait ne pas réussir ainsi qu'on le souhaite, on crée une force destructive qui ôte la vigueur, cause la maladie dégoûte des affaires, amène des pertes d'argent et peut même quelquefois éloigner les amis.

Il est donc aussi nécessaire et aussi utile d'apprendre à oublier que d'exercer la mémoire. Tout le long du jour nous pensons à des choses qu'il serait infiniment plus profitable de laisser absolument de côté. La faculté d'oublier consiste à écarter l'invisible force (pensée) qui nous nuit, et à la changer en une force (ou ordre de pensées) qui nous soit profitable.

Demandez impérieusement et avec persistance une qualité morale : patience, décision, jugement, courage, expérience ou exactitude, qui vous manque, et vous attirez un accroissement de cette qualité. Car ces qualités sont des éléments réels. Ils appartiennent à une chimie naturelle très subtile, quoique encore inconnue.

Celui qui se décourage, se désespère et se désole attire inconsciemment à lui le découragement et le désespoir ; tel est son inconscient entraînement mental vers le mal. Le *mens* est magnétique, parce qu'il attire à lui toute pensée sur laquelle il se fixe, ou qu'il aspire. Laissez-vous aller à la peur, et vous craindrez de plus en plus ; oui, cessez de résister à cette tendance, ne faites aucun effort pour oublier la peur, et vous lui ouvrez la porte toute grande pour l'inviter à entrer ; car alors vous demandez la peur. Fixez au contraire votre esprit sur l'idée de courage, imaginez-vous accomplissant quelque action de bravoure, et vous deviendrez plus courageux.

La nature invisible n'est point limitée dans le don de ses facultés spirituelles. Dans ces mots : « Deman-

dez et vous recevrez », Le Christ implique que tout
esprit peut, en demandant, attirer à lui tout ce dont
il a besoin. Toute sage demande nous est accordée
pour le mieux.

Chaque minute de sage demande, apporte un
accroissement de pouvoir, qui n'est jamais perdu.
C'est un effort envers un gain durable que nous pouvons faire en tout temps. Ce dont nous avons tous
besoin, c'est de force pour édifier notre fortune, pour
rendre tout ce qui nous entoure plus confortable pour
nous et pour nos amis ; car nous ne pouvons nourrir
les autres si nous n'avons nous-mêmes pas de quoi
nous empêcher de mourir de faim. Cette faculté
diffère entièrement de celle qui consiste à se souvenir des opinions des autres gens, ou de garder dans
sa mémoire les faits collationnés dans des livres.
Toute œuvre réalisée sur un plan quelconque de vie
s'accomplit par un pouvoir spirituel, par une force invisible émanée d'un seul esprit, et œuvrant sur d'autres
esprits distants ou proches, force aussi réelle que celle
qui permet de soulever une pierre avec le pas.

Un homme peut être illettré et pourtant émettre une
force affectant et influençant maints autres individus,
proches ou éloignés, de manière à élever sa fortune,
tandis qu'un savant mourra de faim malgré toute son
érudition. L'intelligence n'est pas un sac à ramasser
des faits, mais une faculté active devant donner des
résultats. Ecrire des livres n'est qu'un fragment de
l'œuvre de l'intelligence. Les plus grands philosophes
ont d'abord médité leur plan, et puis ils ont agi, tels :
Christophe Colomb, Napoléon, Fulton Morse, Edi-

son et tant d'autres, qui non seulement expliquèrent comment on mouvait le monde, mais qui le mirent eux-mêmes en branle.

Tout plan, tout projet, tout dessein, qu'il se rapporte à une affaire ou à une invention, est une construction réelle d'invisible élément-pensée, et cet édifice virtuel est aussi un aimant ; car, dès qu'il est achevé, il attire à lui des forces constructives. Persévérez dans votre plan ou dans votre projet. Et ces forces s'approcheront de plus en plus, deviendront de plus en plus puissantes, et produiront des résultats d'autant plus favorables.

Abandonnez votre projet, et vous arrêtez la venue de ces forces, et vous détruisez autant de force invisible attractive que vous en avez précédemment amoncelé.

Le succès de toute entreprise repose entièrement sur cette loi. Une résolution persistante est une force attractive réelle, qui attire constamment sur le projet formé des aides de plus en plus nombreuses destinées à les réaliser.

Lorsque votre corps est dans l'état nommé sommeil, ces forces (vos pensées) sont encore en activité. Elles œuvrent alors sur d'autres intelligences. Si votre dernière pensée avant de vous endormir est une pensée importune, anxieuse ou haineuse envers quelqu'un, elle produira chez vous des résultats mauvais. Si c'est une pensée d'espoir, de joie, de confiance, de paix envers tous les hommes, c'est la force la plus forte qui déterminera de bons résultats. Si le soleil se couche sur votre colère, votre pensée irascible agira sur d'autres durant votre sommeil et ne vous rapportera que du mal.

Est-il, alors, inutile de cultiver la faculté d'oublier ce que nous souhaitons, afin que le courant de notre pensée qui attire le mal, tandis que repose notre corps, soit transformé en un courant attirant le bien ?

Il existe des milliers d'individus, encore à notre époque, qui n'ont jamais songé à contrôler la nature de leur pensée. Ils la laissent aller à la dérive. Ils ne se disent jamais quand une pensée les importune : « Je n'y veux plus songer. » Inconsciement alors ils demandent ce qui leur est nuisible, et leur corps dépérit par la force des pensées auxquelles ils s'abandonnent.

Il faut donc, dès qu'on ressent les prodromes du mal causé par une pensée mauvaise, quelle qu'elle soit, tâcher de prendre sur soi de chasser cette pensée ; et, lorsqu'en esprit on commence à résister aux pensées malsaines, on acquiert de plus en plus de force de résistance. « Résistez au démon, dit le Christ, et il s'éloignera de vous. » Or, il n'y a de démons que les forces perverses de l'esprit , mais ils sont terriblement puissants pour nous affliger et nous torturer. Tout le mode de penser mauvais ou triste est un démon, qui peut nous rendre malades, éloigner nos amis et nous faire perdre de l'argent, et l'argent symbolise la jouissance des biens matériels, sans quoi nous ne pouvons pas donner libre essor à toutes nos forces. Le péché nommé « amour de l'argent » consiste à préférer l'argent aux choses nécessaires qu'il peut procurer.

Pour obtenir le plus grand succès possible dans

une affaire quelconque, pour faire de très grands progrès dans un art, pour favoriser une cause, il est absolument nécessaire chaque jour, à de certains intervalles de temps, d'oublier totalement tout ce qui se rapporte à cette affaire, à cet art ou à cette cause, afin de reposer l'esprit et d'amasser des forces fraîches pour un nouvel effort.

Ressasser constamment le même projet, la même étude, la même spéculation, qu'on doit faire ou ne pas faire, c'est gaspiller cette force sur une roue de moulin tournant dans le vide. Nous nous répétons ainsi toujours la même chose. Nous édifions pour la centième fois avec cet invisible élément-pensée, toujours la même maison, et la deuxième est déjà l'inutile répétition de la première.

Celui qui est enclin à penser continuellement au même sujet, à en parler toujours, à ne jamais le perdre de vue, qui ne peut, à cause de cela, suivre le ton général d'une conversation, ni prendre intérêt à ce qui se dit autour de lui, et qui ne peut causer que de cela, ou bien alors se taire, celui-là est en grand danger de devenir un monomane.

Un monomane est celui qui, ayant conquis une idée, et se l'étant assimilée, ne cherche, peut-être inconsciemment, qu'à la communiquer aux autres. Il n'abandonnera à aucun moment sa théorie et ne saura s'adapter à la pensée des autres. C'est pourquoi il perd la faculté d'oublier, d'écarter de son imagition l'unique pensée absorbante, et s'y embourbe de plus en plus.

Il s'environne de cette pensée, qui devient pour

son esprit un élément aussi réel que l'air respiré par nos poumons.

Ceux qui l'entourent ou qui l'approchent ressentent cette idée, qui les choque désagréablement parce que la pensée est perçue par un sens encore innommé. Dans l'exercice de ce sens gît le mystère des « impressions » favorables ou défavorables qu'on perçoit sur les gens à première vue. De l'être réel émane sans cesse un courant mental qui influe sympathiquement ou antipathiquement sur les autres selon leur intensité et suivant l'acuité de leur sens percepteur. On est affecté de la même manière par la pensée des autres, qu'ils soient près ou loin. Et c'est ainsi que nous parlons aux autres, quand notre langue est muette, que nous nous rendrons sympathiques ou antipathiques tout en demeurant confinés dans l'intimité de notre chambre.

Un monomane devient bientôt un martyr, ou s'imagine l'être. Le martyre n'est en aucun cas une nécessité absolue, sauf dans le cas d'ignorance, car c'est l'ignorance qui crée la nécessité. Le martyre implique toujours un défaut de jugement et de tact dans la présentation au monde d'un principe nouveau. Qu'on analyse le martyre, et on trouvera chez lui la détermination d'inculquer de force aux gens une idée quelconque sous une forme offensive et de combativité. Des gens d'une grande habileté, à force de rester confinés dans leur idée dominante, ont fini par être entraînés par elle. L'antagonisme qu'ils rencontraient chez les autres était d'abord dans leur propre imagination. « Je ne suis pas venu apporter la paix, a dit le Christ, mais, la guerre. » Mais maintenant le temps est venu dans l'histoire du monde de remettre le glaive au fourreau. Pourtant maintes bonnes gens prennent inconsciemment le glaive pour inculquer les idées qu'ils croient les meilleures. Il y a le glaive spirituel du réformateur grandeur, le glaive du mépris envers ceux qui n'adoptent pas vos habitudes. Toute pensée discordante est un glaive qui appelle le glaive contre vous. Toute pensée émise est aussitôt contrebalancée par une pensée analogue, mais contraire. Le futur royaume de paix sera construit en harmonisant les oppositions, en réconciliant les ennemis, en dévoilant aux hommes le bien plutôt que le mal qu'ils ont en eux, en décourageant les commérages et les médisances par des conversations plus profitables et plus agréables, et en prouvant par des exemples qu'il existe des lois généralement méconnues qui procurent richesse, bonheur et fortune, sans nuire aucunement au prochain. Son défenseur donnera aux souffrants l'aumône de son amical sourire, et les plus malades sont toujours les plus grands pécheurs. La créature, homme ou femme, la plus antipathique, la plus hypocrite, la plus venimeuse, a besoin de votre pitié et du secours de tous, car, en émettant des pensées mauvaises, elle s'attire en même temps du chagrin et de la douleur. Celui qui nourrit de mauvais sentiments à l'égard d'une personne dont il a reçu une insulte, ou éprouvé une injustice ou un dommage, et qui les garde en soi pendant des heures et même des journées entières, finit par s'en fatiguer et pourtant ne peut plus les chasser. Ces pensées l'ennuient, le fatiguent et l'affaiblissent, et il ne peut pas s'empêcher de les ressasser. Ils fatiguent l'esprit; et ce qui fatigue l'esprit fatigue aussi le corps.

Ceci provient de ce qu'on a attiré sur soi la pensée hostile de l'autre personne. Elle pense de vous ce que vous pensez d'elle, et vous envoie une vague de pensée hostile. C'est ainsi que l'un et l'autre vous donnez et recevez les coups d'une force invisible. Et, si cette guerre silencieuse se prolonge·pendant plusieurs semaines, les deux adversaires s'en ressentent. Cette lutte de volontés et de forces opposées a lieu tout autour de nous. L'air en est rempli.

Donc, s'efforcer d'oublier ses ennemis, ou ne diriger vers eux que des pensées de paix, est un acte protecteur tout comme étendre la main pour parer un coup. La persistance d'une pensée bienveillante détourne les mauvaises intentions, et les rend inoffensives. L'injonction du Christ de faire du bien à nos ennemis est basée sur une loi naturelle. Cela indique que la bienveillance l'emporte sur la malveillance et qu'elle en détourne et détruit les mauvais effets.

Demandez l'oubli, lorsque vous ne pouvez vous empêcher de songer à une personne ou à une chose qui vous cause du chagrin, du tourment ou de la colère. Car la demande est un acte de l'esprit qui met en mouvement des forces qui produiront le résultat désiré. La demande est la base scientifique de la prière. Ne suppliez point. Demandez avec persistance votre part de force dans les éléments environnants, par quoi vous pourrez régler votre imagination comme vous l'entendez.

Nulles limites à la puissance acquise par la culture de la faculté pensante. Elle peut nous préserver de la douleur causée par le chagrin, par la perte de la fortune, par celle de nos amis, ou par les situations pénibles de l'existence. Cette faculté est l'élément même, l'attitude d'esprit la plus propre à acquérir des amis et des biens. Un esprit puissant chasse loin de lui les pensées fastidieuses, fatigantes ou pénibles, les oublie, et s'intéresse à autre chose. Une intelligence débile demeure dans des pensées énervantes et affaiblissantes et devient leur esclave. Quand on redoute un malheur (qui peut-être n'adviendra jamais), le corps s'affaiblit, l'énergie est paralysée. Mais on peut, par une demande constance, déterminer en soi une faculté qui chassera toute crainte, tout misérable état d'esprit. Cette faculté est le chemin suprême du succès. Sachez la demander, et elle croîtra de jour en jour, jusqu'à ce qu'enfin vous ne connaissiez plus la peur. Un homme ou une femme intrépide peut accomplir des prodiges.

Que nul n'ait acquis cette faculté, cela n'est pas une raison pour qu'on ne puisse pas l'acquérir. Chaque jour se révèlent dans le monde des choses nouvelles et merveilleuses. Celui qui eût affirmé il y a trente ans qu'une voix humaine pourrait se faire entendre de New-York à Philadelphie, eût passé pour un fou. Aujourd'hui la merveille du téléphone passe inaperçue.

Les facultés non reconnues encore de notre esprit

laissent loin derrière elles le téléphone. Hommes et femmes, en cultivant et en utilisant cette faculté, accompliraient des prodiges que la fiction n'a pas osé ou bien n'ose pas encore révéler au monde.

LA GÉNÉRATION DES PENSÉES

Ainsi que la combinaison d'éléments chimiques produit des substances nouvelles, de même de la combinaison des substances pensantes qui émanent des différents esprits et se mêlent dans l'espace, naissent des pensées nouvelles.

Le caractère et la qualité de votre pensée sont influencés, et plus ou moins changés par tous les gens avec lesquels vous entrez en relation, selon que leur pensée se rencontre avec la vôtre et produit une combinaison nouvelle. Vous êtes, jusqu'à un certain point, pour avoir conservé hier avec A. une personne autre que si vous vous étiez entretenu avec B. Vous avez enté sur vous un reflet de la nature de A.

Si vous fréquentez les êtres inférieurs dégradés, les pensées qui naîtront en vous de votre commerce avec les leurs, seront, malgré vos efforts et vos aspirations, entraînées en bas par leur grossièreté : c'est ainsi que « les mauvaises fréquentations corrompent les bonnes mœurs ». Si, au contraire, vos compagnons sont raffinés, purs, nobles, élevés, la pensée qui naît de votre commerce avec eux est élevée, pure, noble et puissante.

La fréquentation des êtres inférieurs et impurs amoindrit la puissance de la pensée. Ce qui affaiblit l'intelligence affaiblit le corps et amoindrit la faculté que possède la pensée d'œuvrer loin du corps.

S'il y a fréquentation constante d'un esprit généreux et noble et d'un autre esprit bas, ignoble, étroit et vil, la force de l'esprit supérieur peut s'épuiser à soutenir l'inférieur. Des milliers de belles natures sont, de nos jours, malades physiquement, parce que leur esprit est oppressé par les pensées viles, étroites et grossières de ceux qui les entourent.

Une pensée nouvelle communique de la force au corps comme à l'esprit. C'est pourquoi les intelligences réellement actives, tels que Victor Hugo, Gladstone, Beecher, Bright, Bismarck Ericcson et d'autres, vivent longtemps. Il est vrai qu'il existe certains êtres de vie et d'intelligence momifiées qui vivent de longues années, mais qui jouissent peu, et n'accomplissent rien. Dans l'avenir, la connaissance approfondie des lois de la pensée (cette grande force silencieuse de la nature) mettra l'esprit à même d'utiliser son corps avec une pleine et toujours croissante conscience de ses facultés mentales et physiques.

Le corps de certaines gens dépérit et perd sa vigueur parce qu'ils demeurent toujours dans la même carégorie de pensées. La pensée est la nourriture de l'esprit comme le pain est celle du corps. La vieille pensée est littéralement une vieille substance hors d'usage, qui ne peut pas nourrir convenablement l'esprit. Si l'esprit jeûne, le corps souffre ; il devient un fossile semi-animé, ou bien, si l'esprit est assez puissant pour fournir ce qu'exigent les tiraillements de sa faim, il souffrira d'un malaise quelconque, ou bien une maladie corporelle se déclarera, Il y a de nos jours des milliers de gens souffrants pour ce motif. Leur esprit est en peine, c'est-à-dire que leur éducation mondaine ou plutôt la partie de leur esprit accoutumée presque involontairement à se conformer à l'opinion et à la manière de vivre environnantes, résiste à l'intuition et aux aspirations de leur esprit, qu'ils traitent le plus souvent de chimères et de rêves.

La pensée nouvelle est un renouvellement de vie. Une nouvelle idée, un nouveau plan, un nouveau projet nous emplissent d'espérance et de force. L'unique secret de perpétuité de la vie et du bonheur consiste à aller vers ce qui est toujours nouveau, à « oublier le passé et à se diriger d'un pas ferme vers l'avenir ». L'éternité et l'espace infini sont des sources inépuisables et toujours nouvelles. La sénilité provient des continuels regards en arrière et de la vie dans le passé. On n'a rien de commun avec le personnage qu'on était il y a une année, sauf le profit qu'on peut faire grâce à l'expérience acquise. Ce personnage est mort. Le « Moi » d'aujourd'hui est un autre et nouvel individu.

« Je meurs chaque jours », s'écrie saint Paul. Il veut dire par là qu'une partie des pensées d'hier est morte aujourd'hui et rejetée comme un vieux vêtement, qu'on remplace par un neuf. Lorsque notre esprit croît en santé, nous nous dépouillons à jamais d'une portion de notre être à la fin de chaque jour. Cette portion est morte. C'est pour nous une pensée morte, dont nous n'avons plus besoin, et dont nous ne saurions impunément faire usage. Nous la rejetons comme notre corps élimine chaque jour une certaine quantité de chair morte. Celui qui vit de pensée fraîche voit chaque jour s'élargir devant ses yeux un horizon nouveau. Quant au bonheur, il ne dépend pas tant des lieux où nous vivons que de l'augmentation en nous de pensée fraîche. C'est ainsi qu'on peut trouver le bonheur dans un donjon, tandis que d'autres êtres, fermés à toute idée nouvelle, végéteront misérables dans les palais. Nous sommes alors sur la voie d'un affranchissement, presque absolu, du monde physique. L'affranchissement, c'est la puissance. Tant que, d'une manière quelconque, nous dépendons d'une personne, d'un mets, d'une drogue, d'un stimulant, ou de toute autre chose, nous sommes d'autant les esclaves de cette chose. C'est ainsi que l'aspiration continue d'idées fraîches est la voie qui mène hors des prisons de la pauvreté materielle et spirituelle. On peut être riche des biens de ce monde, et en même temps assez misérable pour ne savoir point en jouir. On peut, d'autre part, rester longtemps pauvre dans le sens mondain, et être riche spirituellement. Mais la richesse spirituelle ne demande que ce dont elle peut user et jouir à l'heure présente, et ne thésaurise point dans les coffres des banques.

L'aspiration quotidienne de pensée fraîche apporte de la force fraîche. Celui en qui elle s'accroît chaque jour dirige avec succès ses entreprises. La force silencieuse de votre esprit maintient alors fermement son influence sur d'autres esprits qui, consciemment ou non, coopèrent avec vous.

Dans les domaines supérieurs de l'esprit demeurent ceux qui sont toujours joyeux, gais, confiants dans le succès et le bonheur futurs. Ils se haussent jusqu'à la loi suprême et l'expérimentent. Pour eux, « la foi se transforme en victoire ». Ils savent qu'en maintenant l'esprit dans un certain état, qu'en contrôlant convenablement leurs pensées, le bonheur et la force accourront vers eux ; parce que la force et le bonheur marchent de pair, de même que le péché, le chagrin et la faiblesse. Ils savent aussi que tous leurs projets, s'ils suivent la loi, réussiront. C'est pourquoi, pour eux, la vie n'est qu'une succession de triomphes. Leur foi en la victoire est aussi grande que la certitude que nous avons que le feu brûle et que l'eau éteint le feu.

Nous pouvons, par un ardent et persistant désir, nous élever à cet état d'esprit, et obtenir par là de la force nouvelle et des éléments vitalisateurs. Nous préparons ce chemin en nous efforçant de chasser toute envie, toute tristesse, toute irritabilité, en un mot toute pensée impure. Et toute pensée nuisible est une pensée impure. Des habitudes invétérées peuvent rendre la tâche difficile dans les premiers temps ; mais un effort ou une aspiration constante écartent de plus en plus facilement ces pensées nuisibles. Toute pensée impure est une ordure, une malpropreté qui nous empêche de nous élever à un état d'esprit supérieur. Arrivés à ce point, nous percevons les pensées aussi réellement que nous voyons maintenant les pierres,

et ceux qui nous entourent nous paraîtront littéralement couverts de boue — ou de fleurs.

Un grand poète, un artiste, un écrivain, un général
ou tout autre ouvrier dans un département quelconque
de la vie, peut devoir une large part de ses succès à
sa médiumnité, qui permet à des intelligences invisibles de se manifester (1). Il peut avoir été plutôt
l'instrument que l'artiste.

Un homme peut être petit, mesquin hypocrite,
vain, victime de passions désordonnées, et pourtant
manifester en même temps les sentiments les plus
élevés sous une forme parfaite. Une faible partie
de l'intellect de cet homme répondait à ces sentiments, tandis que ses défauts, ses passions et ses vices
l'emportaient dans une grande mesure. Sur certains
plans, il plane à des hauteurs sublimes ; dans la vie
ordinaire, ce n'est relativement qu'un homme
mesquin. Il y a eu des poètes dont les sentiments, à
des moments différents, furent presque contradic-
toires. Tantôt ils expriment la pureté ; tantôt le
contraire. Leur vie extérieure fut basse, grossière et
vile.

Ce sont de telles natures qu'emploient, aux temps
convenables, des intelligences supérieures et invisibles
pour exprimer leur pensée par leur intermédiaire.
C'est une nécessité absolue pour toute intelligence
emplie des visions de la grandeur et de la magnifi-

---

(1) Conf. Issac Lûriah, *De Revolutionibus animarum*, dans
l'a partie qui traite de l'Embryonnat des âmes- Voy. aussi *la
Lumière d'Egypte.*

cence des puissances vitales, de les manifester. Cette nécessité est une loi de nature. Ces intelligences sont semblables aux sources comprimées, qui jaillissent fatalement. Ce n'est pas un devoir dans le sens ordinaire du mot ; c'est une nécessité. Celui qui est riche en pensée doit l'émettre toutes les fois qu'il en trouvera l'occasion. Il est comme un arbre surchargé de fruits mûrs. Lorsque le fruit est mûr, il faut qu'il se détache de la branche ; quand la pensée est mûre, il faut qu'elle se manifeste. S'il n'y a près de vous personne pour l'écouter, il vous faut aller où elle risquera d'être entendue, et cela pour votre propre sûreté. On ne peut garder entièrement pour soi avec sécurité ni don, ni talent, ni vérité, ni faculté de faire quoi que ce soit.

A mesure que l'esprit croît en richesse de pensée, il devient oppressé par le poids de cette richesse, et cherche en tous sens à la communiquer. Il peut alors trouver un organisme sensitif sur le plan terrestre de la vie ; il peut simplement s'approcher de lui et lui communiquer de sa pensée ; ou bien, par une certaine coopération, un certain nombre d'intelligences peuvent librement et volontairement se réunir et se rendre en troupe auprès de l'individu et, pendant un temps, l'environner de leur atmosphère spirituelle. Cette atmosphère agira sur l'individu comme un stimulant. Elle s'élève en pensée bien au-dessus de son niveau habituel. Pendant un moment, il voit toutes choses à la lumière d'une vie plus haute et plus pure que celle de tous ceux qui l'entourent. Dans cet état, un sentiment d'un degré supérieur s'infuse en son intelligence (imagination) ; en d'autres termes, cette coopération d'intelligences supérieures leur permet de transformer leur pensée en une substance active, et de la maintenir plus longtemps près de l'organisme sensitif. Celui-ci l'absorbe et ressent son influence puissante. En fait, il est « inspiré » par elle ; c'est-à-dire qu'il l'aspire. Elle l'enivre, l'intoxique, car c'est un stimulant, dont l'influence sur l'individu est proportionnelle à la subtilité de son organisme, à son impressionnabilité et à la puissance de sa faculté réceptive. Cette excitation n'est qu'un autre nom pour désigner « l'influence magnétique ». C'est là le secret de l'attraction qu'une personne exerce sur une autre. La personne attirée est activement stimulée, tandis qu'elle est près de l'autre, par la pensée absorbée de celle qui attire.

Dans cet état, un poète peut exprimer la pensée qui lui est transmise et infusée, selon son goût ou sa prédilection quant au rythme et à l'harmonie ; ou bien le poème peut lui être dicté.

C'est dans des conditions analogues que des ouvrages entiers furent exécutés, que des inventions furent conçues. Les artistes et les sculpteurs peuvent avoir de ces inspirations, et la même loi se fait sentir dans le monde des affaires et de la finance. Elle opère à tous les degrés de l'échelle, en haut, en bas. Il n'y a pas de grande œuvre réalisée dans un plan quelconque de vie, pas de grand effort intellectuel ni de grande invention qui émane d'un seul esprit sans aide. Nous sommes les parties d'un tout unique ; nous sommes tous membres d'un même corps. Nous ne pouvons rien faire sans coopération et l'individu qui s'imagine agir seul est un simple, un ignorant.

Le poète qui a écrit ainsi, sous l'inspiration d'une autre ou de plusieurs autres intelligences, peut laisser un nom célèbre, et pourtant, peut-être ne mérite-t-il pas toute la réputation qu'il a acquise. Ses œuvres sont en grande partie le résultat de la pensée que lui infusèrent une association coopérative d'intelligences invisibles.

Elles se déchargèrent de leur pensée sur lui, en partie pour se soulager elles-mêmes. Ainsi soulagées, elles peuvent alors s'élever plus haut, et absorber de nouvelles et plus subtiles idées. A mesure que vous communiquez à autrui votre pensée actuelle, vous en recevez de nouvelle. En la gardant pour vous, vous empêchez l'absorption de pensée fraîche. Celui qui sert d'intermédiaire et de transmetteur aux forces de l'univers doit veiller à ce que rien n'obstrue le libre passage de la pensée nouvelle qui se manifeste en lui. A l'instant où l'on retient une vérité quelconque, un plan, un projet ou une invention, dans l'idée qu'elle vous appartient exclusivement, on arrête la communication.

Cette rétention appauvrit dans tous les sens. En donnant libéralement, on accroît sa richesse, et de l'abondance des biens, on gardera facilement assez pour attirer les aides matériels nécessaires. Le texte « libéralement vous avez reçu, donnez libéralement », est basé sur un fait scientifique qui appartient à l'invisible royaume de la pensée.

Il y a aujourd'hui sur la terre des esprits réincarnés qui, dans une précédente existence, eurent grande renommée dans une carrière quelconque Il y a aujourd'hui sur la terre des poètes qui ne jouissent que du dixième de la gloire acquise dans une existence antérieure.

L'unique raison en est que la source de leur inspiration en grande partie est tarie : c'est-à-dire que la cohorte des esprits qui, dans son existence précédente, venaient vers eux dans la nécessité de se décharger de la richesse de leur pensée, ne travaillent plus dans cette nécessité, en ce qui concerne la médiumnité des individus réceptifs. Ces intelligences ressentent encore le besoin de communiquer leur pensée, mais celle qu'elles absorbent maintenant est trop subtile pour qu'un être terrestre puisse la recevoir.

Chez certains individus, l'idée est organisée. Ils créent la pensée en même temps qu'ils l'absorbent.

Ce sont ceux qui tentent de s'élever vers leur idéal suprême et de vivre dans une très grande variété de vie et d'occupation. Celui qui voit la nécessité de vivre aussi, attire à lui ce qu'il y a de meilleur dans l'univers qu'il puisse s'assimiler. Il absorbe l'esprit de toute part, puis il émet cette même pensée colorée par son individualité. Un tel individu est semblable à un miroir réflecteur teint d'une nuance spéciale : la lumière qui s'y réfléchit renvoie des rayons de la couleur du miroir. La lumière c'est l'esprit : et le globe ou réflecteur représente l'individu qui sert d'intermédiaire. L'huile des lampes provient toute de la même source, et les clartés de chacune d'elles peuvent être diversement colorées selon le globe qui les revêt. Ainsi, dans une même série d'individus, chacun d'eux est alimenté par un même esprit, et pourtant chacun réfléchit la lumière suivant le prisme de son individualité.

Nous devenons créateurs en absorbant un esprit quelconque et en lui donnant un cachet original. Lorsque vous considérez et que vous admirez la méthode d'un acteur ou d'une artiste, vous absorbez de sa pensée, mais vous ne serez pas un simple copiste de son jeu, car sa pensée se combine avec la vôtre. Il se produit une opération chimique active d'éléments invisibles ; il se produit une combinaison de sa pensée et de la vôtre, d'où résulte la formation d'un nouvel élément, savoir : votre pensée originale. Plus votre pensée et votre intention seront pures, moins votre projet sera égoïste, et d'autant plus grande sera la rapidité de la combinaison, et d'autant plus originale et frappante sera votre pensée. Telle est la génération des pensées. Les qualités de justice et d'altruisme sont les éléments et les facteurs scientifiques de cette génération.

L'esprit d'égoïsme se contente d'emprunter. Il s'approprie la pensée d'autrui, sans jamais vouloir en reconnaître le légitime auteur et demeure toujours un emprunteur. Mais on ne trouve pas toujours un prêteur à sa portée. Il viendra NÉCESSAIREMENT un temps, dans cette vie ou dans une autre, où cet esprit sera abandonné à ses propres ressources. C'est alors qu'il se trouvera dans le dénûment. L'habitude qu'il a prise d'emprunter l'aura rendu impuissant. Il s'apercevra que cette habitude empêche l'assimilation chimique et la génération de l'élément nouveau, ou, en d'autres termes, de l'idée originale ou individuellement réfléchie. Il s'est simplement emparé du bien d'autrui, et l'a fait passer comme sien. Ce n'est pas un fabricant, mais seulement un récepteur du travail d'autrui.

Peu importe qu'on absorbe de cette manière, et qu'on présente comme sienne la pensée d'intelligence dont les corps sont visibles ou invisibles. On demeure toujours un simple emprunteur. Et par là on affaiblit la faculté d'édifier son propre reflet d'individualité lumineuse.

Si des esprits, trouvant un organisme sensitif, lui communiquent continuellement leur pensée par le désir qu'il a de l'exprimer, en font leur truchement habituel, parlent ou écrivent sans cesse par son intermédiaire, ils peuvent causer un grand dommage. Peu importe la supériorité ou l'utilité de leur pensée, cette continuelle transmission d'idées à une seule intelligence engendre l'habitude et le désir de rien faire autre chose que dire, écrire ou exécuter continuellement la même chose, ce qui amène chez l'individu un développement anormal d'une seule faculté au détriment des autres. L'équilibre d'esprit, l'harmonie des facultés indispensables à l'éclosion de l'originalité sont également produits par la participation à tous les genres de vie, par leur contemplation, aussi bien que par un but pur et altruiste. Il faut vous mêler à toutes les catégories de gens, à tous les genres d'emplois, à toutes les sortes de professions, et sympathi-

ser avec eux, pour donner à vos conceptions le plus
grand cachet d'originalité. Vous serez alors — avec
un but désintéressé — non un arlequinage de mor-
ceaux empruntés à tous ceux avec qui vous entrez en
relation, mais une mosaïque, dont chaque idée, prise
à autrui et greffée sur la vôtre, possède une individualité propre et définitive.

LA LOI DU SUCCÈS

Le succès dans une affaire ou dans une entreprise quelconque dépend de l'application d'une loi. Rien n'arrive par hasard : dans les opérations des lois de la nature, il n'y a jamais ni chance ni accident. La chute soi-disant accidentelle d'une pierre du sommet d'une montagne est le résultat de forces qui ont agi sur cette pierre depuis l'origine des temps.

L'homme et sa destinée ne sont pas plus le résultat du hasard que l'arbre depuis sa germination première. L'homme est le produit des éléments œuvrant suivant une loi. Il peut, quand il l'a découverte, faire de lui-même ce qui lui plaît.

L'esprit seul est le « moi » réel, et non le corps.

La pensée est une substance invisible, aussi réelle que l'air, l'eau ou le métal. Elle agit indépendamment du corps ; elle va de l'un à l'autre, près ou loin, elle agit sur les autres, les émeut et les influence. Et cela aussi bien pendant le sommeil du corps que durant l'état de veille.

C'est votre force. Etudiez ses modes réels d'action ; apprenez à la contrôler, à la manier et à l'utiliser, et en une heure vous accomplirez plus de travail profitable que vous n'en faites maintenant en une semaine.

Cette force s'accroît par un exercice continuel. C'était l'unique fondement des miracles, de la magie et de la puissance occulte des vieux âges.

L'état d'esprit prédominant à une influence prépondérante sur la réussite ou l'insuccès d'une entreprise quelconque. L'esprit se constitue de la somme de substance-pensante accumulée depuis des temps immémoriaux dans la succession des existences physiques. L'esprit est un aimant. Il possède la double propriété d'attirer la pensée et de la renvoyer. On ne crée pas sa propre pensée : on la reçoit, et on la perçoit lorsqu'elle arrive.

Plus on charge son esprit d'une sorte de pensée, et plus on le rend apte à la recevoir, plus on en attire à soi. Si donc on entretien principalement des pensées de décision, d'espérance, de joie, de vigueur, de puissance, de force, de justice, de douceur, d'ordre et de précision, on attirera et on recevra de plus en plus de ces éléments-pensées.

Ce sont là les éléments du succès. Ces qualités émises en pensée sont aussi réelles que tout ce que nous voyons ou touchons. Plus on laisse longtemps l'aimant dans cette direction, plus il prend de force pour attirer ces éléments.

Quelle que soit la pensée qu'on reçoive, on émet aussitôt une substance invisible qui agit sur autrui.

Votre propre pensée est actuellement dans l'air, agissant sur vous, en attirant vers vous la pensée analogue d'autres individus dont vous n'avez peut-être jamais vu le corps. Les gens que vous rencontrerez dans l'avenir, qui aideront ou nuiront à votre fortune, sont ceux dont la pensée, semblablement émanée loin de leur corps, a déjà rencontré la vôtre et s'est unie à elle.

Cette attraction tend à vous concentrer dans le corps, tout au moins vous concentrera-t-elle dans une forme quelconque de vie.

Quand une pensée déterminée rencontre une autre pensée déterminée et qu'elles s'unissent sur un projet analogue, il en résulte une double chance de réussite, que les corps dont se servent ces esprits soient dans la même maison, ou à des milles de distance l'un de l'autre. Mais, si l'on agite la plupart du temps des pensées de découragement, de colère ou de mauvaise humeur, on projette à des centaines de milles de distance cet élément malsain, qui est littéralement une portion du *moi*. Il attire et rencontre des éléments similaires émanés d'autres individus et se conbine avec eux, et entraîne les uns vers les autres ces compagnons d'infortune, qui nuisent réciproquement à leur santé et à leurs biens.

Une pensée attire une pensée de son espèce. Fixez votre imagination sur une pensée de vigueur ou de santé, et vous attirerez vers vous, de plus en plus, d'élément de vigueur et de santé.

Lorsqu'on est dans un état d'esprit confiant, décidé, calme, et qu'on a en vue un projet déterminé BASÉ SUR LE DROIT ET LA JUSTICE, on met en mouvement un silencieux courant *extrêmement puissant* qui attire les personnes dont la coopération est nécessaire. Si votre projet n'est pas basé sur le droit et la justice, vous mettez encore en mouvement cette même force silencieuse, mais qui, cette fois, n'amènera pas pour vous de résultats bénéfiques.

Il est impossible d'obtenir de succès durable par fourberie et par ruse : car on attire à soi, en vertu de cette même loi, les fourberies et la malhonnêteté d'autrui. On œuvre alors avec les malhonnêtes gens, car ceux-ci, en vertu d'une loi naturelle, s'assemblent toujours. Mais tôt ou tard ils se nuiront mutuellement d'une manière quelconque.

Une pensée, bonne ou mauvaise, est une chose, une construction invisible aussi réelle qu'un arbre, une fleur ou une cloche. Elle existe déjà avant que vous la conceviez ou que vous la receviez, dès que votre esprit s'est mis dans la condition nécessaire pour l'attirer. Aussitôt que vous la concevez, vous la mettez en mouvement hors de vous pour influencer d'autres individus. La pensée que vous proférez ou murmurez dans le secret de votre chambre a sur les autres une action plus forte que si vous vous contentez de la « méditer ». Et, lorsque deux ou plusieurs personnes réunies discutent au sujet d'une affaire quelconque entreprise en commun, elles émettent un volume proportionnellement plus grand de force agissant sur d'autres esprits relativement à cette affaire. Si elles ne sont pas d'accord, si elles s'irritent et se disputent, la force émanée est nuisible à l'entreprise. Au lieu que, si elles causent paisiblement et mettent de côté toute partialité et tout intérêt personnel, en vue du projet commun, la pensée ou force qu'elles engendrent est édificatrice et agit favorablement sur les autres esprits pour faire avancer cette entreprise.

Ainsi, chaque fois que vous pensez, vous agissez en bien ou en mal sur votre destinée ; et chaque fois que vous vous entretenez avec quelqu'un, vous émettez une force plus grande encore qui vous fait perdre ou vous attire santé, amis, fortune. Toute pensée. silencieuse ou proférée, a une valeur réelle.

Si vous concevez la pensée que vous ne pourrez pas réussir dans une entreprise, cette pensée s'en va trouver d'autres pensées de découragement, d'abattement et d'impuissance, vous rapproche des individus désespérés et sans volonté, nuit à votre santé et à vos facultés d'action, et vous met finalement en contact avec ceux qui ne savent que se ruiner mutuellement. Vous travaillez alors à un insuccès.

C'est une force dont l'usage produit de bons ou de mauvais résultats, comme une locomotive dont on peut se servir à se faire transporter d'un lieu dans un autre, ou scus les roues de laquelle on peut se faire écraser.

Quel que soit le plan ou le projet sur lequel vous fixez votre intelligence, dans le but de réussir, c'est un édifice spirituel invisible qui attire à vous des forces auxiliaires. Par « forces auxiliaires », nous entendons, en premier lieu : la fertilité toujours croissante de l'intelligence à produire des plans nouveaux pour faire avancer l'entreprise ; secondement : l'attraction vers vous des individus les mieux aptes à vous aider dans vos plans.

Ne gaspillez point votre puissance à chercher ces forces avec votre corps. Que la résolution silencieuse et persistante de l'esprit œuvre seule. Elle accomplira la tâche, si vous maintenez avec persistance cet état d'esprit. Ce n'est pas une faculté nouvelle, bien qu'encore ignorée par la plupart d'entre nous. Elle s'exerce continuellement, quoique inconsciemment, en bien ou en mal, autour de nous. Car le corps n'est pas le seul organe qui soit à notre service. Le corps n'est que l'instrument de l'intelligence. L'esprit, l'invisible moi, utilise le corps pour abattre un arbre ou pour tout autre travail manuel, exactement de même que le corps emploie la hache. Or, lorsque cette force (la pensée) ne se sert pas du corps, elle œuvre plus puissamment ailleurs.

Poursuivre un but avec persistance, ne songer qu'à cela, et pas à autre chose, détermine une force qui agira et produira des résultats aussi sûrement que le cric placé sous l'édifice le plus pesant produira un mouvement d'élévation. La force que créent ainsi l'esprit et les facultés invisibles, œuvre pendant le sommeil : elle vous procurera de nouvelles idées, de nouveaux plans, une nouvelle méthode pour aider votre entreprise ; et ces plans à leur tour auront besoin du corps pour se réaliser. On ne peut pas rester en place lorsqu'on conçoit une idée qui doit se réaliser immédiatement : cette idée est en même temps force pour vous ; mais vous pouvez fatiguer votre corps à un tel point que vous n'aurez plus la force de recevoir les idées qui pourront se présenter. Toute affaire qui réussit est basée sur un continuel influx d'idée fraîche.

Votre esprit ou votre pensée agit sur d'autres individus, durant votre sommeil. Elle peut même influencer des personnes dont le corps est endormi. Si vous

être irrité ou découragé en vous couchant, votre *moi*
invisible, en quittant le corps, sera probablement attiré vers quelque autre tempérament colérique ou
désolé. D'autant meilleure sera votre disposition en
quittant votre corps à la nuit, à l'instant de pénétrer sur
l'autre plan de vie, et d'autant plus favorable à l'exé-
cution de votre plan sera la pensée ou l'être que vous
y rencontrerez. Si vous n'avez pas de projet, vous rencontrerez probablement quelqu'un qui n'en aura pas
non plus. N'avoir nul but dans la vie, s'en aller à la
dérive, c'est n'avoir aucun foyer où concentrer la faculté pensante. Et, si on ne la concentre point, mais
qu'elle demeure éparse, se précipitant aujourd'hui sur
ceci, demain sur une autre chose, on sera sans repos, en-
nuyé et triste d'esprit ; et la peine de l'esprit entraîne
la mauvaise santé du corps.

L'esprit est toujours actif, que le corps soit endormi
ou éveillé. Quand le corps sommeille dans l'incons-
cience, l'intelligence passe dans une autre sphère d'existence et d'activité. On n'a fait que passer d'un mode
d'existence à un autre. Pendant l'état de veille, l'homme
« conduit le corps » selon ce qu'il veut faire sur le
plan de la vie matérielle.

Pendant l'état de veille, votre pensée agit sur d'autres individus, pour vous ou contre vous, loin ou
près. Mais elle agit plus efficacement sur les êtres vers
lesquels elle est attirée durant le sommeil ; car elle est
moins distraite par les espoirs, les craintes, les préju-
dices, les coutumes et l'entourage de son existence
corporelle. Il est donc préférable, si vous avez quelque
projet en vue, de ne pas fixer durant la veille trop

fortement votre pensée sur les personnes que vous supposez pouvoir coopérer à votre œuvre, parce que votre esprit, à sa sortie du corps, a un champ d'action bien plus vaste et une netteté de vue plus grande que durant son séjour dans le corps. Car vous pourriez concentrer inutilement votre pensée sur une personne moins apte à vous aider que celle vers qui elle sera attirée pendant votre sommeil. Dans ce cas, sa force bifurque en deux directions, au lieu qu'elle devrait être maintenue en une seule. Causer de vos affaires ou de vos projets produit de la force pour vous ou contre vous. Un plan bien net, par lequel vous pouvez vous procurer de l'argent, représente de la force. Un projet confus représente une force moindre et plus imparfaite. Une nouvelle invention est une nouvelle force.

Vous entretenir de vos affaires avec des vrais amis, pleins d'ardeur, ajoute leur pensée ou force à la vôtre, rend plus nets vos plans, influence d'autres intelligences et les attire favorablement vers vous. Sympathie est force. La bienveillance d'une personne quelconque est une substance réelle, active, vivante, qui va vers vous chaque fois que cette personne pense à vous. Elle possède une valeur commerciale en francs et en centimes. La malveillance est également un élément émanant de la personne qui la crée, et œuvrant contre vous, quoique cette personne ne parle ni n'agisse corporellement contre vous. La seule manière de se protéger est de lui envoyer en échange l'élément pensée de bienveillance. La bonne volonté envers autrui est l'élément invisible le plus puissant qui dé-

tourne le mal, plus faible. Elle l'empêche de vous
atteindre ou de vous nuire.

En vertu de cette même loi, il est dangereux de se
faire des ennemis, quelque juste ou bonne qu'en soit
la cause.

Raconter ses affaires à qui veut les entendre, ce n'est
pas seulement divulguer ses secrets à qui voudra les
redire, mais c'est répandre secrets et plans au loin dans
l'espace. Ils tombent alors dans d'autres esprits qui les
utilisent avant vous. L'air est littéralement rempli de
soi-disant secrets, qui se révèlent à des milliers de
personnes sous forme de soupçon et d'impression.
Toute réunion orageuse, toute querelle de famille,
toute dispute entre deux individus émet dans l'air une
vague de substance destructive et pernicieuse, qui
affecte désagréablement les esprits à des milliers de
lieues de distance. La pensée qui émane ainsi d'un
centre perturbateur forme une vague, un courant. Si
une bagatelle vous irrite, vous vous mettez dans la
condition d'un aimant qui attire et introduit ce courant nuisible. La colère, la mauvaise humeur, l'irritation causée par une bagatelle, sont alimentées par
ces courants. Pour obtenir un soulagement, il faut
tourner son esprit vers un autre ordre de pensées plus
agréables. Cette pratique vous donnera de plus en plus
de force et vous permettra de changer plus facilement
le caractère du courant de pensées venant sur vous.

Quand l'intérêt, la sympathie et la bonne volonté
se réunissent pour échanger, pendant une heure, leurs
vues sur un projet commun, il émane de cette réunion
un courant de substance pensante qui rencontre

d'autres intelligences, éveillant ou renouvelant en elles
leur intérêt pour cette entreprise, ce projet, cette cause,
en proportion de leur sensitivité ou faculté réceptrice,
Toute pensée nouvelle qui vous arrive vous arrive
parce qu'en un lieu quelconque, elle est agitée ou proférée. La vague ainsi déterminée agit dans l'élément
invisible exactement comme dans les ondes d'une eau
tranquille dans laquelle on a jeté une pierre. Ces
vagues rayonnent également du centre où l'on agite la
question, et se propagent dans toutes les directions,
frappant d'autres intelligences, aussi longtemps qu'au
centre se maintient le mouvement de la conversation.
Dans ce sens, il n'y a pas d'idée originale. La même
idée ou les reflets de cette idée peuvent flotter pendant
une heure dans mille esprits, lorsqu'elle a une fois été
émise par un petit nombre qui en causèrent. Entre-
tenez-vous cordialement avec des amis d'une amélio-
ration, d'une nouvelle invention, d'une nouvelle idée
pour le bien de l'homme, et, par l'intermédiaire de la
substance pensante envoyée ainsi au loin, vous
éveillez du désir et de l'intérêt pour la chose dont vous
avez parlé. Plus y a de gens intéressés à une chose,
plus il y en a qui viendront vous aider, ou qui achète-
ront le produit.

Toute conversation discrète relative à un plan, un
projet et un but, toute détermination persévérante,
représente autant de force active dépensée à attirer
l'objet désiré. Lorsque, après trois mois, par exemple,
d'émission de force, vous vous découragez et plantez
tout là, vous abandonnez un édifice en cours d'exécu-
tion possédant une grande puissance d'attraction. Peut-

être ne voyez-vous pas *où* opère cette force ; mais elle n'en est pas moins à l'œuvre, amenant à vous les gens sympathiques et ceux qui ont besoin de ce que vous avez à leur offrir.

Les querelles, la colère, l'impatience émettent en silence une force destructive. Les discussions amicales et la tranquille présentation d'une opinion individuelle produisent une silencieuse force constructrice, Si votre esprit se concentre avec persistance dans le désir de s'entretenir avec les *meilleurs individus* et de les avoir comme aides, ils viendront à vous par le moyen de la puissance d'attraction à la pensée. Ce sera l'état d'esprit que vous aurez le plus désiré qui viendra à vous. Si vous n'êtes pas regardant aux principes et à l'honnêteté, cette loi attirera ceux qui ne sont pas difficiles quant à l'honnêteté.

On demandera toujours des choses meilleures, un art plus parfait que ce qui fut déjà fait. Quand vous êtes assuré que votre œuvre est la meilleure, produisez-la. Le talent dans l'art ou l'invention est tout à fait distinct du talent de manifester. Pour réussir, il faut l'un et l'autre. Le monde paie le mieux ceux qui produisent. Des centaines d'inventeurs et d'artistes ne réussirent jamais pour n'avoir pas cultivé la science de se présenter.

On apprend par soi-même la science de se produire. On l'acquiert en se représentant soi-même par l'imagination, se présentant courageusement, brillamment, honnêtement devant les autres et en se rendant agréable à chacun. Plus on fait ceci en imagination, plus on se mettra à même de le faire dans la réalité ;

car ce qu'on exécute en pensée *est* une réalité. On réalise ce qu'on vit le plus par la pensée. Après un certain temps de cet exercice mental, on se sentira avoir plus de force, de courage, de tact, d'habileté, de désir de se mêler à toutes sortes de gens, pour prendre dans le monde ce qui vous appartient légitimement.

La pauvreté provient en grande partie de l'isolement volontaire et de la crainte d'assumer une responsabilité.

Qu'on s'imagine être défiant, timide et craintif, et, en vertu de la même loi, on deviendra tel. Qu'on renverse donc ce procédé de traitement mental. Vous vous acheminez perpétuellement vers le plus haut idéal que vous vous faites de vous-même, et vous vous réédifiez vous-même par ce procédé silencieux d'entraînement mental. On ne peut pas réussir et gagner de l'argent en restant dans un coin. On ne peut pas faire des affaires uniquement par correspondance et par procuration. Il faut jusqu'à un certain point se montrer. Lorsque votre esprit entraîne votre corps devant une autre personne, il emporte avec lui l'instrument qui lui permet de projeter la plus grande somme possible de substance-pensante sur cette personne.

La pensée étant substance et force, on peut en accumuler dans son esprit des quantités énormes agissant pour ou contre soi. Ne voir que des difficultés et des troubles possibles dans son entreprise, c'est faire de son esprit un aimant qui attirera uniquement ces difficultés, d'abord en pensée, ensuite en substance.

Chez un grand nombre de personnes, c'est devenu une habitude invétérée difficile à déraciner.

Lorsqu'une difficulté se présente, en une circonstance quelconque, il n'y a qu'une chose à faire : diriger son esprit comme un aimant dans la direction d'où viendront la force, les idées et les plans qui devront surmonter cette difficulté. Si vous avez des ennuis au sujet d'une personne, et si vous songez continuellement à son injustice à votre égard, vous irritant et vous plaignant, vous avivez par la pensée l'animosité existante. Vous pouvez dépenser en plaintes, gronderies et méchante humeur, silencieuses ou proférées, la même force qui vous servirait à vous débarrasser de cet ennui. C'est exactement en vertu du même principe que la force utilisée par le maçon à édifier son mur pourrait lui servir à le renverser. Si vous donnez au corps tout le repos qu'il exige, votre force psychique agira près ou loin, plus puissamment que vous-même ; vos plans seront plus profonds, et, sur le plan de leur manifestation, plus fertiles en résultats. Si le corps est toujours exténué, la plus grande partie de la force de l'esprit passera à le sustenter, ou, en d'autres termes, à le conserver vivant. Peu importe que vous vous fatiguiez volontairement, ou que vous y soyez contraint, pour gagner votre vie, le résultat est le même.

Si vous avez besoin de plus de temps pour restaurer ainsi le corps, désirez-le et demandez-le avec persévérance : une occasion finira par se présenter, qui vous permettra de gagner suffisamment pour vivre sans que le corps travaille autant d'heures chaque jour. Cela viendra en vertu de cette loi mystérieuse, de cette force d'attraction qui donne à chacun selon la puissance de son désir et la persistance de ses vœux.

Vous pouvez, par le moyen de cette force, vous attirer du mal aussi promptement que du bien. Ce qu'actuellement vous désirez avec ardeur peut tourner à mal. Si vous désirez ou demandez la sagesse qui fait connaître ce qui doit procurer le bien le plus durable, vous obtiendrez, en vertu de cette même loi, la faculté de voir ce qui vous est réellement le plus avantageux. Désirez avec persistance un « esprit sain » et vous obtiendrez un esprit sain. Quand se présente une occasion vous accordant trois ou quatre heures de loisir de plus, ne vous acharnez pas à de nouveaux efforts pour gagner quelques dollars de plus. Cette occasion est peut-être le premier pas que vous faites dans une voie nouvelle. Donnez-nous du loisir. Ne craignez pas de vous réjouir. Votre esprit sera alors à même d'engendrer des plans pour un succès ; et, à mesure que ces plans naîtront, vous serez incité à les réaliser par le corps.

Une situation fixe et un bon salaire ne sont *pas* la vraie voie qui mène au succès croissant et durable. Car vous n'êtes alors qu'un écrou dans la machine industrielle ou commerciale, et, quand vous serez usé, on vous remplacera sans merci par un écrou neuf. Si, dans les affaires, vous êtes au sommet pour le talent, mais en bas quant au gain, cela provient de ce que vous ne savez pas obtenir la juste rémunération de votre travail. Il faut aspirer à diriger une entreprise basée sur votre habilité. Vous ne devez pas vous contenter de la voir administrée par d'autres qui, profitant de votre talent, présentent au public le produit de votre industrieux travail et accaparent les trois quarts des bénéfices. Il vous faut employer ici toute votre puissance de pensée pour présenter à la fois votre travail et vous-même au public.

Il faut, pour obtenir le plus grand succès, diriger une entreprise, ou tout au moins une section, et en être le maître absolu sans aucun contrôle derrière soi. La responsabilité seule peut manifester votre pleine puissance et le bonheur qui en résulte ; sans quoi, vous serez, comme un simple employé, à la merci d'un patron, ou soumis à des conditions faites par ceux avec qui vous êtes obligé de travailler. Vous verrez vos meilleures idées imparfaitement réalisées, parce que vous n'aurez pas entièrement pu contrôler leur réalisation.

L'ART D'APPRENDRE

Il existe un art d'apprendre. Dans notre jeunesse
on nous a dit d'étudier, mais on ne nous a jamais convenablement enseigné la manière d'étudier, ou, en
d'autres termes, d'acquérir des idées. On n'acquiert
pas des idées en confiant à sa mémoire des mots, des
phrases et des règles. C'est simplement cultiver sa
mémoire, c'est-à-dire utiliser, exercer et entraîner la
partie de l'intelligence qui apprend à retenir les sons.
En confiant à notre mémoire un grand nombre de
mots et de phrases, nous ne faisons que surmener une
faculté de notre esprit. Nous la chargeons d'un fardeau qu'elle devra porter. Si vous donniez un nom à
chaque broderie de votre tapis, et si vous pensiez de
votre devoir de vous rappeler chaque broderie par son
nom, auriez-vous le temps ou la force de penser à
beaucoup d'autres choses ?

Les mots ne sont pas des idées. Ce sont seulement
les signes au moyen desquels, par l'intermédiaire des
sens de la vue et de l'ouïe, un mot écrit et proféré peut
représenter une idée à un esprit. Un mot ou une sentence pleine de sens ou de pensée pour une personne
peut ne rien signifier pour une autre. Plus on confie
de choses à la mémoire, plus on augmente le fardeau

qui pèse sur cette faculté. Combien de choses à faire pouvez-vous vous remémorer facilement lorsque vous sortez pour aller à vos affaires ? Une douzaine se rapportant aux soins du ménage ajoutées à vos propres occupations, plus les recommandations formelles de Mme A. « de ne pas les oublier », est un pesant fardeau à porter. Tout cela vous tracasse, vous embarrasse et vous embrouille. C'est ce qui advient aux enfants avec notre système soi-disant moderne d'éducation. On leur surcharge la mémoire de mille « faits » en leur racontant « qu'il peut leur être utile de les connaître ». C'est comme si on voulait apprendre à tirer à une personne en lui mettant sur le dos un lot de carabines. Elle pourrait bien porter une douzaine de carabines sur son dos toute sa vie sans jamais savoir tirer.

La mémoire ne doit servir à retenir que ce que l'esprit saisit. Aucun livre n'enseignera à aucun homme à bien conduire une barque. Il doit faire lui-même sa propre éducation. Lorsqu'il aura appris, par la pratique et les insuccès, que le gouvernail doit-être maintenu dans une certaine position pour contrebalancer la force du vent agissant sur la voile, sa mémoire retiendra à la fin ce que l'expérience lui aura enseigné. Confier à la mémoire toutes les directions convenables ne sert à rien. Au contraire, celui qui s'efforce de retenir de mémoire les directions, en même temps qu'il apprend à pratiquer cet art, applique son intelligence et sa force à une phrase au lieu de l'appliquer à une réalité, ce qui retarde son éducation au lieu de l'avancer. Le souvenir de ce que retient la mémoire par l'exercice, enseigne à conduire, à tirer, à ramer, à nager, à patiner, à danser, à peindre, à sculpter, à tisser, à coudre, etc., mais on ne sait rien faire de tout cela, si l'on n'a appris la théorie avant la pratique. Avez-vous appris à danser en confiant d'abord à votre mémoire les règles qui guideraient vos pas, en essayant de vous les rappeler et de les suivre ?

Non, c'est une personne sachant danser qui vous a tout d'abord donné l'idée d'apprendre cet art. Cette idée a germé, s'est transformée en pensée, et puis votre esprit, l'invisible moi, a progressivement appris au corps à se mouvoir en concordance avec le plan mental.

Celui qui veut apprendre vite doit d'abord apprendre à se placer dans un état d'esprit particulier : l'état de sérénité et de calme. C'est exactement le contraire de ce que font souvent les enfants lorsqu'ils « étudient » leurs leçons. « Etudier » avec ardeur ou avec hâte, c'est essayer vainement de forcer la mémoire à exécuter un travail donné dans un temps donné.

Pour apprendre un art quelconque, il faut l'apprendre à sa façon, selon ce que l'inspiration suggère. Ne tenez aucun compte de ce qu'on vous dit au sujet de la nécessité d'être « bien ferré » sur certaines règles qui devront vous être enseignées par d'autres. Il est vrai qu'il faut être « bien ferré », mais seulement sur ce que votre propre esprit peut vous enseigner le plus promptement et le mieux. L'esprit donnera lui-même ses règles (1). Laissé à lui-même, il

(1) Siegfried doit lui-même forger son glaive (*Note du trad.*)

créera des méthodes originales et neuves. Ce ne sont point des règles toutes faites qui enseignèrent Shakespeare, Byron, Burns ou Napoléon. Ils trouvèrent en eux-mêmes la puissance intérieure révélatrice des méthodes. Lorsqu'ils aperçoivent quelque résultat inusité, les hommes crient « au génie » et se mettent aussitôt à forger, avec la méthode adoptée par ce génie, un ensemble de chaînes qu'ils imposeront à tous ceux qui se succèderont dans cet art. Un génie peut employer une méthode, comme nous nous servons d'une béquille. Quand elle a fait son temps, on la rejette pour prendre quelque chose de mieux. Les méthodes usitées par le génie ne sont jamais les mêmes : Napoléon révolutionna l'art militaire ; et son esprit était ainsi fait qu'il eût pu changer de fond en comble sa propre tactique. Seul le génie peut voir la folie qu'il y a à toujours suivre le même sentier, quand bien même il aurait lui-même tracé la voie (1).

Ne vous tourmentez pas outre mesure de ne pas avancer dans un art, une science ou une entreprise aussi vite que vous le souhaitez. Que votre esprit ne s'irrite pas d'insuccès répétés. Nulle hâte. Si vous vous sentez dans un état d'esprit pressé et irrité, faites halte, car c'est l'état d'esprit le plus contraire à l'étude : il fatigue, il épuise.

On peut apprendre toute chose, s'y l'esprit si applique avec persévérance. Puis qu'on attende en paix : l'art viendra tout seul.

Si, chaque jour, pendant un quart d'heure ou trente

____

(1) « Les grandes roues sont stériles. » (Lamennais.)

minutes, vous vous asseyez avec une boîte de couleurs, barbouillant et essayant des effets de couleurs en superposant les teintes, si vous avez un désir réel de savoir peindre, vous verrez des ciels, des montagnes et des forêts se produire de ces alternatives de lumières et d'ombre, à mesure que les couches de couleur se succèderont (1). Un rocher rugueux jaillira soudain d'un coup de pinceau. Le moyen de représenter un tronc d'arbre par quelques lignes droites ou courbes vous sera suggéré. Une plaque de bleu deviendra un lac ou une mare, des touches vertes au bord seront des arbrisseaux ; et, avant même que vous le sachiez, se présentera un paysage, plus beau à vos yeux dans sa grossièreté que l'ouvrage du plus grand artiste, parce que ce sera votre propre création, votre enfant.

Tel est le fondement de l'art. C'est là qu'il prit son origine ; c'est de là qu'il s'éleva. Une combinaison apparemment fortuite de lumière, d'ombre et de couleur suggéra, il y a bien des siècles, à quelque intelligence. l'idée de représenter ainsi les objets familiers à l'œil, sur une surface plate. De là découla l'idée de la perspective et de la représentation des solides et des distances ; et tout commençant doit faire ce que fit le premier peintre et suivre ses traces. Il en est de même dans les autres arts.

Plus on laisse l'esprit libre de suivre sa voie, son intuition, sa nature, et plus l'inspiration sera grande.

(1) Il y a une grande analogie avec la loi des « Miroirs Magiques » (*Note du trad.*)

Les règles faites par d'autres ne produisent que des imitateurs et des copistes. Une règle imposée, dont le disciple ne doit pas s'écarter, est une chaîne, une barrière qui l'empêchera d'avancer sur le territoire infini de la pensée et de l'investigation.

La meilleure manière d'apprendre, c'est-à-dire de découvrir des méthodes et de s'en souvenir, c'est le calme le plus parfait qu'on puisse atteindre. Ni hâte, ni excitation. Si vous vous réjouissez outre mesure d'un succès inattendu, d'une découverte longtemps et péniblement cherchée, prenez garde, vous pourriez temporairement perdre le fruit de vos efforts. Point de mouvements soudains du corps ou de l'intelligence, nulle impatience hâtive en les nécessaires détails. Si l'outil dont vous vous servez vient à se briser, si votre siège a besoin d'être déplacé, ou votre plume d'être nettoyée, agissez comme si vous n'aviez que cela à faire dans toute la journée. Maintenez le corps dans un état de calme aussi complet que possible. Soyez apathique plutôt que pressé ou hâtif. Quand le corps est dans cet état de repos, c'est alors qu'il est le meilleur instrument de l'esprit. Il est alors sous l'entière dépendance de l'intelligence, qui est le moi réel, le moi invisible, l'enfant.

Parce que, quand le corps et l'intelligence sont dans cet état, toutes les facultés étant suspendues, sauf celles concentrées sur l'œuvre, c'est-à-dire lorsque l'intelligence est dans un état réceptif, c'est alors que l'esprit travaille le mieux. Il peut alors atteindre, saisir et amener l'idée, l'effet, la méthode, la conception et les moyens de manifester cette conception;

et plus le corps est calme, plus l'intelligence est tranquille, et plus vite on connaîtra le moyen de réaliser ce qu'on désire. Avec de l'entraînement, vous deviendrez de plus en plus apte à saisir et à transmettre des idées neuves. Vous entrerez alors en rapport avec les courants intellectuels les plus élevés et les plus subtils, et recevrez par là savoir et inspiration ; car votre intelligence sera un pur miroir, un lac paisible où se réfléchiront les choses d'en-haut.

Vous apprenez tout le long du jour, souvent quand vous y songez le moins. Vous apprenez en vous promenant tranquillement dans la rue, en observant le visage des gens, et vous intéressant à leurs manières. C'est ainsi que vous prenez connaissance des différents types de la nature humaine : hommes et femmes deviennent pour vous des livres ouverts, que vous ouvrez et lisez. Vous apprenez à reconnaître en un instant, d'un coup d'œil jeté sur leur visage, leurs sentiments et leur tempérament. Involontairement vous classez les hommes et les femmes, et vous les rangez en votre esprit selon leur type. Un spécimen nettement déterminé sert de modèle à mille autres, à une série entière. Vous classez tel individu comme non-gentleman, d'après la façon dont il regarde une femme. Telle femme trop richement vêtue est le type de l'orgueilleuse parvenue. Vous étudiez la nature humaine ; et la connaissance de la nature humaine peut-être évaluée en francs et en centimes. Celui qui possède à fond cette science peut dire à première vue si l'on peut ou non se fier à telle ou telle personne. La confiance est la pierre angulaire de tout succès :

les voleurs eux-mêmes sont obligés d'avoir confiance en leurs associés pour réussir dans leurs entreprises.

Napoléon réussit dans ses immenses projets par la connaissance tout intuitive et d'expérience qu'il avait des hommes qui lui faisait distinguer l'emploi qui leur convenait le mieux. Le Christ choisit de même ses douze disciples parmi les mieux aptes à recevoir ses enseignements, et à les transmettre à leurs disciples, par la même intuition. L'intuition c'est l'enseignement que nous recevons de notre maître intérieur. Ce maître intérieur réside en chacun de nous. Donnons-lui libre essor, et demandons en même temps que nous soit accordée une parcelle de l'Esprit de Sagesse, et nous sentirons naître en nous le génie : notre génie. Le génie distingue les diamants dans le sable grossier, et chez les hommes, princes, ducs ou paysans, savants ou ignorants, leurs aptitudes spéciales. Parfois le génie méconnaît la grammaire, et pourtant il déplace des montagnes, édifie des cités, et ceint la planète d'un réseau de chemins de fer et de fils télégraphiques. Un esprit cultivé peut écrire et parler avec élégance, et ne pourra pas abattre une taupinière ; il gagnera péniblement dix dollars par semaine dans un bureau, en tant que simple employé d'un génie mal éduqué qui fait mille fois plus d'ouvrage que dix savants.

C'est dans l'état de repos, de calme et de sérénité, que l'esprit a fait ses plus belles découvertes, et qu'il reçoit ses idées et ses inspirations. L'œil toujours sur le qui-vive, ardent et empressé ne perçoit pas sur mer le voilier distant aussi bien que l'œil qui ne le cherche pas. Le nom temporairement oublié d'une personne se retrouve rarement quand on « s'efforce » d'y penser. C'est seulement lorsqu'on cesse d'y songer, qu'il vient tout seul.

La vérité est que cet effort mnémotechnique cause une inconsciente fatigue musculaire ; nous mettons notre cerveau en mouvement, et nous y envoyons du sang qui est un obstacle pour l'esprit. Nous travaillons d'une mauvaise manière, qui accumule les obstacles au lieu de les faire disparaître ; car plus tout ce qui est corporel est maintenu en repos, plus on donne de force à l'esprit pour lui permettre de faire fonctionner ses sens intérieurs à l'effet de nous procurer ce que nous désirons (1). Notre esprit a des sens qui lui sont propres, et qui sont entièrement distincts de la vue, de l'ouïe, de l'odorat, du goût et du toucher corporels. Ils sont plus subtils, plus puissants, et ils atteignent plus loin. Les sens internes ou sens spirituels peuvent, une fois entraînés et tirés de leur état latent, entrer en communication avec les sens spirituels d'une autre personne, dont le corps est à Londres ou à Pékin, et peut-être sont-ils déjà même en relation, mais inconsciemment ; car il existe peut-être à Londres ou à Pékin un esprit plus sympathique qu'en n'importe quel autre lieu de l'univers. Et quotidiennement, à chaque heure du jour, vous communiquez peut-être avec cet esprit par le moyen des sens intérieurs qui n'ont aucun souci de l'idée de distance, pas plus que nous-mêmes, du mot.

« ... L'esprit demande en moi avec des gémissements ineffables. » (Saint-Paul).

L'utilité de ne pas surmener le corps est prouvée à chaque instant dans toutes les circonstances de la vie. L'homme qui réussit le mieux en affaires est celui qui se ménage, dont la tête est fraîche, qui a intuitivement appris à ne point fatiguer son corps, afin que son esprit soit libre. Pourtant ce même individu ignore peut-être qu'il possède un esprit, c'est-à-dire une faculté, un sens intérieur, qui s'étend au delà des limites de son corps, et lui rapporte des projets, des plans, des idées utiles à ses travaux. Nulle autre faculté que les facultés spirituelles ne saurait être utilisée dans ce but. La loi spirituelle œuvre également dans la matière, dans la société et dans l'univers. Mais les motifs supérieurs, quand ils viennent à reconnaître l'existence de cette force, et à s'en servir avec intelligence, auront toujours à leur service la puissance la plus grande, la pensée la plus subtile, le génie le plus élevé.

L'effort fructueux dans toute phase de vie provient de la mise en œuvre de cette force. Elle consiste à « se faire conduire par l'esprit ». Si vous vous égarez, vous retrouverez votre chemin beaucoup plus rapidement en marchant très lentement, et en conservant l'esprit concentré, qu'en courant de-ci de-là, sans but ni objet. Le chasseur expérimenté observe cette méthode, quand il bat les bois ; tandis que l'ignorant citadin, fou d'excitation, parcourt des lieues sans voir aucun gibier. Dans ces deux cas, lorsque le corps est amené à un certain degré d'apathie, une faculté intérieure s'éveille, entre en activité, et trouve à l'un sa route, à l'autre le gibier. C'est en cela que consiste l'arcane : « Etre conduit par l'esprit. » Il s'applique à tous les degrés spirituels et à leur objet.

Parfois, sans savoir pourquoi, vous vous trouvez dans un état d'esprit paisible, calme, content ; vous marchez allègrement ; rien ne vous presse ; nulle passion ne vous trouble ; vous vous sentez en paix avec le monde entier ; vous avez oublié vos ennemis, vos soucis, vos anxiétés : c'est alors que vous pouvez le mieux jouir des bois, des cieux, ce qui vous entoure ; c'est alors, qu'intéressé par la vie ambiante, vous êtes le mieux à même de l'étudier. A ce moment, telle ou telle particularité vous frappe qui vous avait échappé jusqu'alors. Votre esprit, calme et paisible, reçoit sans discontinuer des impressions agréables et vivaces. Vous souhaitez qu'un tel état d'esprit puisse durer toujours. Il ne tient qu'à vous qu'il en soit ainsi ; car cet état provient de la concentration de l'esprit. Celui-ci fait converger ses rayons vers un lieu unique (1), met en réserve ses forces, ne laissant passer que ce qui est nécessaire au mouvement du corps.

Dans cet état, nous absorbons de la pensée, c'est-à-dire de la force durable. Mais si, durant cet acte d'aspiration, une chose vient à nous ennuyer ou à nous exciter, cette faculté d'absorption cesse instantanément. Notre esprit, au lieu de recevoir des idées, se ferme à toute communication et se met en position de combat. Il va droit à la chose qui l'ennuie, et s'en-

(1) Conf. *Genèse*, ch. 1, v. 9 : Et dit Ælohim : « Se rassembleront les eaux qui sont sous les cieux en un lieu unique, et la stabilité paraîtra. » (*Note de trad.*)

rage après elle. En disant « il va », nous voulons dire que notre pensée se dirige effectivement et substantiellement vers l'objet qui nous trouble. C'est à la fois la force du corps, de l'esprit qui s'échappe hors de nous. Nous cessons alors d'apprendre. Le repos et la sérénité mentale sont les conditions indispensables pour apprendre ; et elles causent un apport continuel de force. Il nous est donné de nous entraîner à cela, au point que cet état, devenu habituel, se maintiendra en nous durant les heures de travail.

Tel est l'état d'esprit propre à l'étude, au travail ou à la jouissance. Ces trois choses n'en forment en réalité qu'une seule : la jouissance. Sans cette condition, on ne saurait véritablement jouir de quoi que ce soit ; par l'entraînement, nous jouissons de mieux en mieux de toute chose. C'est ainsi que nous édifions. Nos forces invisibles s'accumulent, se massent, puis s'unissent pour déployer leur puissance totale sur tel ou tel objet à un moment donné. Si, étant dans cet état, vous vous trouvez en présence d'un homme puissant, riche et orgueilleux qui voudrait vous écraser d'un regard, vous serez plus fort que lui ; et il sentira votre pouvoir avant même que vous ayez parlé. C'est l'état mental nécessaire en affaires, afin de n'être pas vaincu par la volonté plus forte de la partie adverse (1). Les hommes d'affaire ne sont que des magnétiseurs commerciaux, dont le pouvoir est le même que celui qu'on manifeste sur les tréteaux

____

(1) « Contre un vouloir plus fort, un autre vouloir lutte en vain. » Dante, *Purgatoire*, chant XX (*Citation du trad.*)

publics. On ne le reconnaît pas sous cette forme, mais il n'en est pas moins mis en œuvre inconsciemment par eux.

Dans ces conditions, l'esprit devient semblable à un aimant. A mesure que ses forces se concentrent, leur puissance d'attraction s'accroît. Et elle s'accroîtra encore par l'exercice. Plus vous attirez d'idées, plus vous acquérez de vigueur ; plans, projets, inventions viendront à vous ; et vos facultés intérieures s'organiseront de telle façon qu'elles pourront produire ce que vous voudrez. L'esprit ainsi concentré est une puissance, soit de résistance, soit d'attraction.

Le trouble qui s'empare de beaucoup d'étudiants provient de ce qu'ils veulent apprendre trop vite. Nous connaissons à peine la faculté qui nous procure réellement tant que nous acquérons, la faculté qui s'élance au loin, tandis que les autres sont temporairement suspendues, pour apporter des idées nouvelles, et qui enseigne à les transformer en pensées. Une invention nouvelle vient à l'esprit qui la manifestera, quand il est à l'état de repos non quand il s'acharne à la trouver. On dessinera sur le papier un cercle plus parfait avec une plume ou un crayon, en agissant insoucieusement, qu'en s'appliquant avec ardeur à en tracer un. Délivré de toute anxiété, votre pouvoir réel peut agir : c'est le pouvoir de l'esprit. Celui qui jette à tous les vents ses pensées de réussite ou d'insuccès, accomplira très vraisemblablement l'acte audacieux où les autres reculeraient ; ou bien s'ils le tentaient, la crainte de l'insuccès serait cause d'une non-réussite. Le meilleur pilote dans une mauvaise passe est celui qui a la faculté d'oublier le danger pour ne s'occuper que des obstacles. Son esprit est alors conscient. Et la conscience, c'est la faculté que possède l'esprit de commander et de maîtriser le corps, son instrument. Le contraire implique que l'esprit mal éduqué, le moi réel, s'imagine n'être que le corps dont il se sert. C'est comme si un charpentier croyait n'être qu'une scie ou un marteau. La conscience doit oublier le corps et ne penser qu'à en faire le meilleur usage possible, de même que le charpentier, lorsqu'il scie une planche, ne pense pas continuellement à son outil, mais seulement à l'ouvrage qu'il exécute.

TABLE DES MATIÈRES

Notice du traducteur v
Dieu 7
Les mystères du sommeil. 9
De la direction des rêves 23
L'art d'oublier 37
La génération des pensées 51
La loi du succès. 65
L'art d'apprendre 81

Saint-Amand (Cher). — Imprimerie BUSSIÈRE.